我们一起解决问题

手把手教你买基金

书签客◎著

HOW TO SELECT FUNDS
AND GET HIGHER RETURNS

人民邮电出版社

北　京

图书在版编目（CIP）数据

手把手教你买基金 / 书签客著. -- 北京 ：人民邮
电出版社，2018.8
ISBN 978-7-115-48871-8

Ⅰ．①手… Ⅱ．①书… Ⅲ．①基金－投资－基本知识
Ⅳ．①F830.59

中国版本图书馆CIP数据核字(2018)第147110号

内 容 提 要

股票风险高，存款利率低，从风险与收益的平衡角度来说，基金投资是更适合普通大
众的理财方式。但是基金种类和产品众多，如何选、怎么投，是每个入门新手都要掌握的
基本技能。

本书从基金投资的前期规划和知识储备讲起，首先介绍了基金的基本常识和投资原
则，在此基础上，又进一步介绍了基金的评价标准和选择方法，使读者可以一步步选出符
合自己偏好的基金。最后，本书重点介绍了指数基金、分级基金以及基金定投的具体操作
方法，使读者可以真正利用基金投资的优势，获得长期稳定的回报。

本书为基金投资的入门者提供了详细的实操指南，为追求稳定收益的投资者提供了日
常理财的全程指导。

◆　　　著　　书签客
　　责任编辑　　王飞龙
　　责任印制　　焦志炜

◆ 人民邮电出版社出版发行　　　　北京市丰台区成寿寺路 11 号
　　邮编 100164　　电子邮件 315@ptpress.com.cn
　　网址 http://www.ptpress.com.cn
　　北京虎彩文化传播有限公司印刷

◆ 开本：700×1000　1/16
　　印张：15　　　　　　　　　　　　2018 年 8 月第 1 版
　　字数：260 千字　　　　　　　　 2025 年 11 月北京第 32 次印刷

定　价：55.00 元
读者服务热线：（010）81055656　印装质量热线：（010）81055316
反盗版热线：（010）81055315

「前言」

理财是一件非常有趣的事情

理财，可以为你开启生活的另一扇大门，在这扇门里你会发现很多有意思的东西。它鼓励着你去努力赚钱，不轻易挥霍；敬畏每一分钱的力量，并发现钱生钱的奥秘。如果你也是和我一样的工薪阶层，同样对理财感到焦虑，不知道从何入手，相信当你读完这本书之后，会对理财，尤其是基金投资有一个较好的理解，如果你能因此而开启自己的投资之旅，那就再好不过了。

这本书共有八章，我先给大家简单介绍一下。

第一章主要告诉大家，投资基金不要着急买买买，你需要做好全面的规划和准备。分清楚哪些钱可以用来投资，哪些钱要用来维持生活开销。

第二章向大家介绍了基金的历史背景和基础知识，告诉大家投资基金的收益是由哪些部分组成的。不要让所谓的"常识"影响你对基金的投资判断。

第三章介绍了基金申购、转换的基本概念，以及购买基金的成本应该如何计算。

第四章主要介绍了常见的基金类别，以及不同类别基金的特点分别是什么，还对近期出现的大数据基金进行了介绍。

第五章介绍了基金选择的基本技巧，包括对基金公司和基金经理的选择。同时告诉大家，要对风险保持敬畏。

第六章介绍了基金定投的方法和操作，帮助大家对基金定投形成一个初步的概念。

第七章在第六章的基础上，帮助大家对比了不同类型基金组合的定投情况，并分析了它们的优缺点。告诉大家基金投资组合的收益要比单个基金的涨跌更重要。

第八章则更进一步，介绍了普通定投的增强型方法。希望这章介绍的几种方法里能有一种适合大家。

本书的附录收录了我的公众号"书签客"里关于财富自由度、被动收入等主题的几篇文章，希望对大家的理财有所帮助。

通过上面的介绍，相信大家多少也能感受到，我对基金定投非常推崇。当然这个想法也是在长期的投资实践之后形成的。可以说，基金定投适合大部分投资者，而且不用占用大家太多精力，毕竟投资对于很多人来说不能当作全职工作来做，而是作为一种提升生活品质的重要抓手。这个抓手能否运用得当，就要看我们对自己的钱是否负责了。

同时，理财投资并不是一件容易的事情，贪婪和恐惧常伴左右。与人性的斗争会一直贯穿整个投资过程。这其中的各种心情只有真正做过投资的人才能有切身体会。

在这本书的写作过程中，我的内心深处其实是经历了"信心满满—不断质疑自己—对投资理财充满敬畏"的变化过程的。信心满满是因为相信自己对基金投资相关的知识掌握得很扎实，我相信自己写的书会有很强的可读性。但是真正动笔开始写作的时候才发现，基金的任何一个概念背后都有着大量的金融知识，而不是点状的概念堆砌。我需要不断地学习新知识，将它们理解吸收之后才有可能输出，大家也可以想象这样的一个过程有多么困难，所以这也是我对自己不断提出质疑的阶段。在几经波折之后，我终于完成了书稿，此时我对理财、对基金投资有了新的认识，对理财、对投资风险充满了敬畏之情。可以说，写作这本书对我自身来说也是一种提升。

　　我要感谢我的妻子马涵，在写作的过程中我经历了职业生涯的第一次工作变动。这期间，她给予了我很多支持和鼓励，感谢我的女儿Jessica对我无形的鞭策。还要感谢我的母亲不断地催促和提醒我，让我按时完成了书稿的撰写工作。感谢你们。

　　最后，希望大家能够从这本书里得到些许投资基金的收获，这个收获不仅仅是金钱上的，也包括投资成功的喜悦。

HOW TO SELECT FUNDS
AND GET HIGHER RETURNS

目　录

HOW TO SELECT FUNDS
AND GET HIGHER RETURNS

第一章

基金投资的前期准备

关于理财，你感到焦虑吗

放下你的焦虑

回想一下，你是否也对理财感到过焦虑？

在任何一次理财热潮中都会有所谓的"幸运儿"赚得盆满钵满，让旁观者满心羡慕，心里不停地想为什么自己没有早点发现这些发财的机会。你是否也会对选择哪种理财产品感到焦虑呢？

贩卖焦虑，是当下这个时代最容易博得眼球的生意。

对于理财来讲，与其焦虑哪种产品收益如何、风险如何，不如抚平情绪，把心态归零。把握住投资的真正心法，一件事接着一件事地办，才能从容地开始你的投资理财之旅。

对自己的钱负责

如果有人问，世间最难的理财问题是什么？

我想最难的就是：哪支股票／基金的收益高、风险低，你给推荐一下呗？

说老实话，我是万般不敢推荐的，即使是至亲好友也不敢推荐。

为什么呢？

不是怕推荐的基金或者股票不好，出现大跌而挨骂，只是对于别人的这种理财态度实在不敢恭维。

想想看，大家在选择股票和基金上到底花了多少时间呢？估计绝大多数人花的时间要少于 1 个小时，甚至只有十几分钟时间。也就是说，在决定拿出十万八万进行投资的时候，我们用来做功课的时间比吃顿饭的时间还要短！买一件衣服我们都要精挑细选，货比三家，和淘宝小二进行一番唇枪舌剑；在拿自己辛苦攒下来的钱进行投资时，就更不应该草率决定或是直接听信别人的投资意见了。

对自己的钱负责，是投资者需要谨记的首要原则。

只有善待自己的每一分钱，对每一次投资都保持敬畏和严谨的态度，才能迈好理财的第一步。

那么接下来呢？

是不是可以重复那句经典的台词——"理财其实很简单"了？

如果你是一个"理财小白"，那么我并不想告诉你"理财其实很简单"，因为投资者对任何一个理财产品的选择背后都凝聚着大量的专业知识、经济规律以及对国家金融政策措施的解读。任何盈利背后都有着与之匹配的投资风险。

所以理财的事情，可深可浅，我们永远都是学生，当你的基金在慢慢上涨时，当你的股票开始盈利时，当你的房产让你身价过亿时，你都要不断地提醒自己：

对风险要保持敬畏之心。

回到理财态度上，我其实不会在书中给出一个明确的建议，比如该买什么基金，什么时候值得买，什么时候值得卖。我会把投资的整个思路都原原本本地分享给大家。

投资最关键的其实是理念，只有清楚了自己的投资理念，才会明确方向，才会实现最终的梦想。

喜欢牛市还是熊市

看到这个问题，估计很多读者都乐了，甚至不屑一顾：这个问题还用想吗？肯定是牛市啦，不然怎么赚钱？

不过大家需要换个角度来思考这个问题。

我们投资基金是为了以后卖出获得盈利，那么大家在买入基金的时候希望它价格高还是价格低呢？

以养猪大户准备扩大养殖、购买猪仔举例，如果他现在要去市场上买猪仔，他会希望小猪仔便宜一点还是贵一点呢？

很显然，买入的时候价格越便宜，成本就越低；卖出的时候价格越高，收益就越好，交易者就能赚取更多的差价。

所以，虽然熊市不断给大家造成浮亏，但是从上面的例子来看，似乎熊市对交易来说也不见得是坏事。

或者说，牛市很招人喜欢，但对于熊市，投资者也是能接受的。

准备投资的时间有多长

这个问题其实很难回答，预测未来本就是一件不靠谱的事情。

比如，我们在 30 岁时，做基金投资就是在为将来养老做准备。从现在到退休，还有 35 年的时间，那么投资的时长就是 35 年吗？很显然，即使到了 65 岁退休，大家也不会直接把所有投资的钱全部取出来，要么是转换成风险比较小的货币型基金，要么按月支取充当生活费，甚至会把投资资产作为遗产留给子女。

所以，无论现在的你是多大年纪，都可以开始你的基金投资之旅。如果大家到了 50 岁就觉得一切都已经结束了，不用再考虑投资了，那么显然这种思维模式还停留在 20 世纪。要知道，北京市居民的人均寿命已经突破了 82 岁，所以我们未来的投资时间只会增加，不会减少。

不要被传统思维禁锢，更不能给自己设限。

与时间成为朋友

经过十几年的发展，我国的基金产品可以说已经发展得非常充分，截至 2017 年 12 月底，我国公募基金资产规模首次突破了 11 万亿元，达到了 11.6 万亿元，全国已发公募产品的基金管理公司达到 117 家，公募基金数量有 4841 支。

规模在扩大，那么基金的业绩怎么样呢？

绝对是可圈可点，甚至和大多数人的感受完全相反。

我们先来看看表 1-1 中几大指数的历年涨跌变化。

表 1-1　主要指数历年收益率汇总表

时间	上证 50	沪深 300	中证 500	创业板
2005 年	−5.5%	−7.66%	−13.7%	—
2006 年	126.68%	121.02%	100.68%	—
2007 年	134.13%	161.55%	186.63%	—
2008 年	−67.23%	−65.95%	−60.8%	—
2009 年	84.4%	96.71%	131.27%	—
2010 年	−22.57%	−12.51%	10.07%	13.77%
2011 年	−18.19%	−25.01%	−33.83%	−35.88%
2012 年	14.84%	7.55%	0.28%	−2.14%
2013 年	−15.23%	−7.65%	16.89%	82.73%
2014 年	63.93%	51.66%	39.01%	12.83%
2015 年	−6.23%	5.58%	43.12%	84.41%
2016 年	−5.5%	−9.05%	−15.43%	−19.19%
2017 年	25.94%	22.1%	−1%	−10.51%
上涨年份数	6 次	7 次	8 次	4 次
下跌年份数	7 次	6 次	5 次	4 次

从表 1-1 中，大家可以看到，无论是上证 50、沪深 300 这样代表蓝筹股、

大盘股的指数，还是中证 500、创业板这样代表中小盘的指数，在过去的 13 年里，涨跌情况基本上各占半壁江山。

接着，还有一组数字可以分享给大家。

以基金 6 个月的业绩为期，在过去 24 个半年里，公募基金只有 7 次亏损，平均半年收益率为 8%，投资任意一支基金满半年，获得正收益的概率是 71.8%。

以基金 12 个月的业绩为期，在过去 12 年里只有 2 年亏损，平均年收益率是 19.2%；投资任意一支基金满一年获得正收益的概率是 79.8%。

看到这里，估计有些读者会认为我肯定是收了基金公司的钱了，会质疑说：基金如果真的如你所说，那大家岂不是早发财了？

在现如今的震荡市中，大多数人投资基金都是亏损的，怎么可能有这么高的收益？

买点基金，持有个一年半载还不容易，可是没有见到大家赚钱呀？

事实真的是这样吗，你持有基金的定力，真的能经得起市场涨跌的考验吗？

我们再来看看投资者一般持有基金会坚持多久：根据统计数据显示，投资者平均持有基金的时间长度仅为——一个季度。

也就是说，在购买基金后不超过 3 个月的时间，很多人就已经把基金赎回了。我不想说坚持持有就一定能够盈利，但是不坚持或者只是短时间地持有某支基金，看到稍有下跌就慌忙卖出，那么割肉的概率会大大增加。理财要坚持长期投资，这是个老掉牙的观点，但是不妨碍它依旧有效。

因此，短期看基金投资有风险，而且风险很大；长期看基金投资的风险则很小，接近为零。

那么投资坚持的时间越长，就一定能得到越多的收益吗？

我们举个例子，假如我今年 20 岁，想在 65 岁退休的时候拿到 2000 万元的退休金，按照基金年化收益率 12% 来计算，那么我每个月拿 930 元定投基金就可以达到目标，投入的本金为 50 万元。是的，只需要投入 50 万元我就可以在退休的时候拿到 40 倍的收益。

同样的，如果从 35 岁开始投资，其他条件不变，那么我每月需要拿出多少钱来投资呢？

答案是：每个月需拿出 5700 元，投入的本金为 204 万元。

从 20 岁坚持到 65 岁，投资时间是 45 年；从 35 岁坚持到 65 岁，投资时间是 30 年。可以说这两种投资时长都算得上是坚持长久投资的典范，但是在投资本金和最终收益上却差别很大。显然，每月投资 930 元，本金投入 50 万元更合算。

因此，与其说理财坚持的时间越长越好，不如说理财开始的年纪越小越好。

装满三个口袋之后再投资

对于投资来说，当然是本金投入越多，收益高的可能性就越大，但是要投入多少钱进行理财才合适呢？

我先举一个朋友的例子：我的这位朋友是典型的"85 后"，毕业的院校属于"211 工程"大学之一，在国企工作了 5 年，辛辛苦苦攒下了 50 万元，热衷于购买各种理财产品，目前手里能用的现金只有 2 万元。也就是说，他虽然有 50 万元的家底，但是如果家里有什么紧急的事情发生，他就只有这 2 万块钱能拿来应急。

愿他在最近 3 个月别生病，别下岗，别出意外。不然的话，他那 48 万元的投资根本无法立即取出来救急，而只拿着 2 万元是万万不敢去医院瞎折腾的。

想要获取高收益的初衷没有错，想快速实现财务自由的心情也可以理解，但拿着全部资产去购买理财产品，危险系数简直是直冲云霄。

那么，在投资之前要做什么准备？投资占全部资产的多少比例比较合适？

投资的最佳状态是，在不影响现有生活质量的前提下，让自己的资产保值增值。

如果投资的钱是借来的，甚至是信用卡套现出来的，那么投资者在心理上会承受巨大的压力，一种迫切需要高回报的压力，只许赢不许输的情绪会扭曲你的判断和行为。在这种情况下，人们往往会冒更大的风险去博取高收益，而不会认真地思考投资方向，不能正确地理解投资理念。如果赢了，很大程度上也是侥幸；如果输了，将会是一败涂地、倾家荡产。

所以，你需要先把三个口袋里需要的钱装满，形成稳定的安全垫和压舱石，之后再去购买金融资产。

第一个口袋——生活备用金

这个不多说，大家肯定都知道。生活备用金，就是为了应付在日常生活中出现的临时突发情况而准备的资金。比如老婆大人忽然想去淘宝买个大件儿啦，你家娃看上一个新玩具啦，同学朋友结婚生娃需要随份子钱啦，都是不可预见的。

这里面有两个比较重要的原则需要大家去遵守。

（1）备用金额度约为 3~6 个月的生活费

如果你一个月的正常开销是 4000 元，那么备用金就宜准备 1.2 万 ~2.4 万元。不必过多，太多了没有意义；但过少的话，一旦出现紧急情况就会捉襟见肘。大家可以根据自己的实际情况，在 3~6 个月的生活费额度中进行选择，够用就行。

（2）备用金必须能够快速取现

"备用金"，顾名思义就是拿来应急的，所以放在银行存活期也好，买货币型基金也好，能够快速取现是第一位的，获得收益反倒是其次。但是如果能够找到两者结合的理财方式，那就更棒了。目前一些货币型基金的年化收益率都超过 4%，有些还能够实现 T+0 的取现模式。

总之，选你认为最合适的就好。

需要注意的是，一旦使用了备用金，那么在突发情况结束之后，要在第一时间把备用金补齐。这部分钱虽然不是资产的大头，但是在有意外状况发生时却能解燃眉之急，所以要雷打不动，记得及时充值，时刻保证你的备用金是充足的。

第二个口袋——保险

有记者采访一位健身达人。

记者："是什么支撑你坚持锻炼身体的？"

健身达人："说实话吗？"

记者："当然啦！"

健身达人："怕死，这是最真实的想法。"

毕竟，命比钱值钱多了。我也是这样，只要身上长个痘、胳膊疼、嗓子疼，或肚子疼就会去医院找医生阿姨给看看，安抚一下心灵。

所以，保命的钱就更不能省，也不能拿去投资理财买基金。要先把自己和家人的保险买好，解除后顾之忧之后，才能踏实上路，上理财的路。

保险的作用大家都知道，但还是有两点需要提醒大家。

（1）保险的目标要明确

不论是买储蓄型的还是消费型的保险，它的首要作用其实是提供医疗保障，收益反倒是次要的。收益可以从股票、基金投资中挣回来，就不要在保险上计较了。所以买保险须明确首要目标，找专业的人做专业的事儿。

买消费型的保险，治病保命要紧。

（2）保费要适中

保险一般都是一年一交，是不是保费更高的保险就一定更好呢？可能是，但不见得适合你。一般情况下，大家关注的是意外险、重疾险和寿险。意外险几百块钱就可以搞定，大头在重疾险。

总的来看，三个险种的保费加起来不宜超过年收入的10%，毕竟保险的作用是以防范为主。当然这只是从价格上进行的简单粗暴的划分，具体的险种大家可以根据自己的情况进行配置。

也许有人会觉得，现在的医保基本上可以覆盖大部分的医疗费用，再去购买商业保险没什么必要，而且保险在无病无灾的情况下就单纯是项支出，万一我身体健健康康，从来不生病，那买保险的钱岂不是白花了？

还记得我在前面说的那个词吗——"安全垫"。

每一个家庭都是脆弱的，尤其是在遇到重大变故的时候，我们购买保险，其实就是在加强家庭整体的安全垫厚度，确保当重大疾病发生在至亲身上之后，整个家庭不至于全部被拖垮。有了这层厚实的安全垫，大家再做其他事情和选择时也会更加从容不迫。

所以，配置好保险是对自己负责，更是对家人负责，是给你和家人的一份保障。不然一场大病下来，家庭经济一夜回到解放前，是对家人身体上、精神上、经济上的多重折磨。

但愿保险永远都用不上。

第三个口袋——短期要用的钱

有了生活备用金应急，有了保险做后盾，剩下的钱是不是就可以买理财了？对于在未来 2~3 年不会有大的开销的人来说，差不多是这样了。

这里面大的开销主要是指：买车、结婚、生孩子。这些基本上都是可以预见的支出，如果你在已经解决了这些主要开销之后还有余钱的话，就可以进入投资准备阶段了。

至于养老的钱，一时半会还不用考虑，毕竟我们理财的目的之一就是要有足够的养老钱体面养老。从这个角度看，理财也是为养老做准备了。

第四个口袋

这么说下来，三个口袋的钱和用途都已经很明确了。投资理财最先要做的就是把这三个口袋先装满：

第一个口袋，生活备用金——你的现金流；

第二个口袋，保险——保命的安全垫；

第三个口袋，消费支出——未来 2~3 年内要买的大件商品或要办的大事。

如果还有剩余的钱，就可以放到第四个口袋里了，这个时候我们可以轻轻松松聊基金投资了。

HOW TO SELECT FUNDS
AND GET HIGHER RETURNS

第二章

基金的前世今生

什么是基金

什么是基金呢?

从广义上讲,基金就是为某种目的而设立的一笔资金。

比如我们知道的公积金、社保基金、风险投资基金都属于广义的基金范畴。

而我们平常所说的基金是狭义上的基金,一般就是指公募证券投资基金,简称公募基金。

结合广义基金的定义,我们再来看看公募基金到底是什么意思?

公募基金投资者其实就是投资者们把钱收集到一起,找一位懂得投资的专业人士来帮忙去投资证券市场,从而赚取收益。当然,这位专业人士并不是活雷锋,我们需要支付给他一定的辛苦费,就如同聘请专业的 CEO 来帮忙打理我们的公司一样。

公募基金在中国已经出现十几年了,我们可以在电视、广播、互联网上看到这些基金的广告,大家都可以去购买这种基金,基金也已经成为普通老百姓最重要的理财工具之一。

不论你的风险承受能力如何,公募基金从高风险到中等风险再到低风险,一应俱全。而且公募基金的投资门槛不高,尤其是余额宝的出现,让许多基金的投资门槛进一步降低,甚至出现了 1 元买基金的可能。

基金的历史

想要通过投资基金赚钱，你需要先了解一下基金的历史。

证券投资基金已经有 150 年的历史了，作为社会化的理财工具，证券投资基金起源于 19 世纪的日不落帝国——英国。

熟悉世界历史的读者肯定很了解，19 世纪 60 年代的英国刚刚经历了第一次工业革命，生产效率的提升极大地带动了工商业的快速发展，英国的殖民地遍布全世界，全球各地的贸易往来大幅增加，英国的社会财富和国民个人财富在此期间迅速增长。

随着国民个人财富的快速积累，很多英国人都愿意对海外进行投资。但是海外投资不比国内投资，不熟悉海外投资环境与市场、缺乏海外投资经验和知识、语言不通、地域限制以及管理能力鞭长莫及等因素严重制约了海外投资的进一步发展，甚至让许多参与海外投资的英国人亏损了很多钱。

怎么办？

面对巨大的利益诱惑，人们纷纷考虑改变原有的投资策略。既然我们不懂，那么找一个懂行的人帮我投资总可以吧。于是，大家把各自的资金集中起来，委托给那些在海外有丰富投资经验的人进行管理。

这一想法不但在投资者中得到了普遍的认同，英国政府也表示支持这种投资模式，并且在 1868 年成立了"海外及殖民地政府信托基金"，公开向社会发行认股凭证。这就是最早的投资基金。

所以简单来说，所谓的基金其实就是把大家的钱组织在一起，让有经验的人来帮忙打理的间接投资方式。一百多年以来，基金的形式变化多样，但是基金的本质大体上被延续下来。

在我国，基金的历史相对来讲还很短。1990 年初我国才首次发行了第一支基金，在之后 6 年又陆续设立了 75 支基金，业内一般把这 75 支基金称为"老基金"。随着管理不断规范，1998 年 3 月基金金泰和基金开元成为新基金的开端。基金规模也快速从几十亿元增长到了目前的 11.6 万亿元的规模，从此基金开始成为老百姓熟知的理财产品。

基金的命名规则

目前我国的基金总数超过 4800 支，基金公司超过 100 家，这么多基金实在让人难以分辨，有没有什么方法可以让人一下就判断出一支基金投资的是什么资产或者领域？

其实通过基金的名字，我们大体可以判断出基金投资的类型和种类。

基金命名的规则一般是：基金公司+投资方向+基金类别+收费类型（以图 2-1 为例）。

博时沪深300指数A(050002)

净值估算2017-09-22 15:00	单位净值 (2017-09-22)	累计净值
1.3918 0.0000 0.00%	**1.3945** 0.19%	**3.3865**

近1月: 2.88%	近3月: 9.14%	近6月: 13.03%
近1年: 21.82%	近3年: 101.19%	成立来: 348.48%

基金类型: 股票指数 | 高风险	基金规模: 54.06亿元（2017-06-30）	基金经理: 桂征辉
成 立 日: 2003-08-26	管 理 人: 博时基金	基金评级: 暂无评级
跟踪标的: 沪深300指数 | 跟踪误差: 0.13%		

图 2-1　博时沪深 300 指数 A

图 2-1 展示了"博时沪深 300 指数 A"基金的基本情况，从名称上我们可以看出，这支基金的管理公司是博时基金公司，投资方向是跟踪沪深 300 指数，字母"A"表明这支基金是属于前端收费模式类型的，050002 是这支基金的代码。

再比如图 2-2 所示的这支基金。

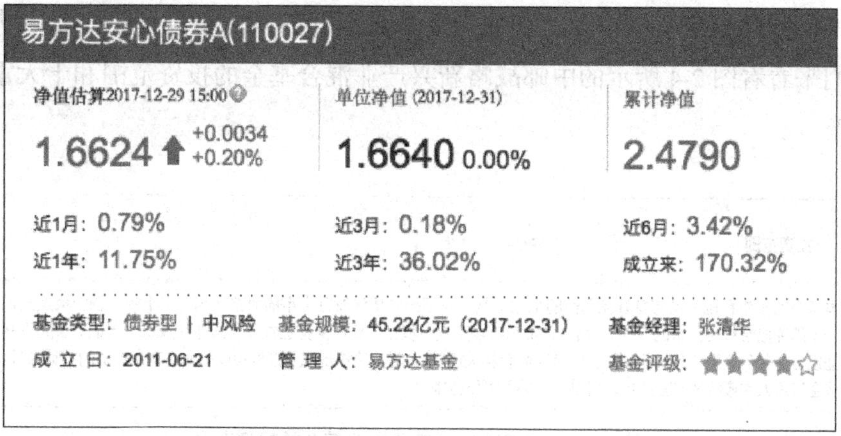

易方达安心债券A(110027)

净值估算2017-12-29 15:00
1.6624 ↑ +0.0034
+0.20%

单位净值 (2017-12-31)
1.6640 0.00%

累计净值
2.4790

近1月: 0.79%   近3月: 0.18%   近6月: 3.42%
近1年: 11.75%   近3年: 36.02%   成立来: 170.32%

基金类型: 债券型丨中风险   基金规模: 45.22亿元 (2017-12-31)   基金经理: 张清华
成 立 日: 2011-06-21   管 理 人: 易方达基金   基金评级: ★★★★☆

图 2-2   易方达安心债券 A

从名称上大家很快可以看出来,"易方达安心债券 A"基金是一个债券型基金,主要投资领域就是债券。基金的管理公司是易方达基金管理公司。收费模式也是前端收费。至于这支基金是不是能够让大家"安心",就需要投资者对其过往的业绩进行分析了。

当然并不是每支基金都是严格按照这样的规则命名的,有些基金从名字上很难判断出它的类型,那么就需要你点开基金的详细介绍,看看基金主要重仓哪些股票。如图 2-3 所示的中邮战略新兴产业混合基金,从名字上我们能够判断出这支基金是中邮基金公司的产品,其基金类别是混合型基金。

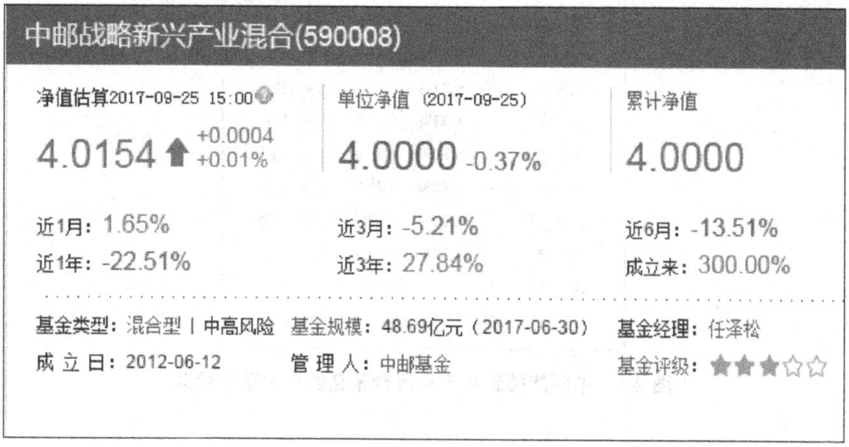

中邮战略新兴产业混合(590008)

净值估算2017-09-25 15:00
4.0154 ↑ +0.0004
+0.01%

单位净值 (2017-09-25)
4.0000 -0.37%

累计净值
4.0000

近1月: 1.65%   近3月: -5.21%   近6月: -13.51%
近1年: -22.51%   近3年: 27.84%   成立来: 300.00%

基金类型: 混合型丨中高风险   基金规模: 48.69亿元 (2017-06-30)   基金经理: 任泽松
成 立 日: 2012-06-12   管 理 人: 中邮基金   基金评级: ★★★☆☆

图 2-3   中邮战略新兴产业混合

　　什么是战略新兴产业？如何判断基金跟踪的是大盘股还是小盘股呢？我们来看看图 2-4 所示的中邮战略新兴产业混合基金的投资范围和十大重仓股票。

○投资范围

本基金的投资范围为具有良好流动性的金融工具，包括国内依法发行上市的股票（包含中小板、创业板及其他经中国证监会核准上市的股票）、债券、货币市场工具、权证、资产支持证券以及法律法规或中国证监会允许基金投资的其他金融工具（但须符合中国证监会相关规定）。对法律法规或监管机构以后允许基金投资的其他品种，基金管理人在履行适当程序后，可以将其纳入投资范围。

图 2-4　中邮战略新兴产业混合基金的投资范围

　　从图 2-4 中，我们可以看到中邮战略新兴产业混合基金的主要投资范围包括中小板和创业板的股票，那么事实也是如此吗？我们再来看看这支基金的十大重仓股票都是什么（如图 2-5 所示）。

　　很显然，中邮战略新兴产业混合基金确实持有多支创业板股票，而且持股的集中度也很高，我们可以认为它是一支重仓创业板的混合型基金。

股票持仓	债券持仓		更多〉
股票名称	持仓占比	涨跌幅	相关资讯
东方网力	12.74%	-1.37%	股吧 档案
尔康制药	9.89%	--	股吧 档案
旋极信息	9.78%	0.98%	股吧 档案
昆仑万维	9.53%	0.04%	股吧 档案
乐视网	9.02%	--	股吧 档案
华宇软件	7.34%	1.17%	股吧 档案
中文在线	5.80%	-2.17%	股吧 档案
天壕环境	5.73%	-0.71%	股吧 档案
亿帆医药	5.31%	2.93%	股吧 档案
飞利信	4.37%	0.22%	股吧 档案
前十持仓占比合计：	79.51%		
持仓截止日期：2017-06-30		更多持仓信息〉	

图 2-5　中邮战略新兴产业混合基金的十大重仓股票

基金收益率由哪些因素决定

投资者们都希望自己购买的基金能够大涨，但是在每天股市收盘的时候我们会发现，并不是每次上涨或者下跌的幅度都是最终净值，有时候明明涨得很多，但是最后的收益却远不如实时的估值，除了计算有误差之外，大家知道还有哪些因素会影响基金的收益组成吗？

总的来看，基金的收益主要包括三个方面：资本利得、股息红利、利息收入。

资本利得

资本利得是基金的主要收益。基金公司的操作模式实际上是在低价位时买入股票，当股票价格上涨到一定阶段后，股票的风险会逐步增加，此时基金公司就卖出股票，风险就跟着被卖出。卖出以后，基金就没有了持有股票的风险，因为手上持有的是现金，这时候再买入低价格的股票，再等着涨，等风险高了之后再卖出。在一买一卖的循环往复过程中，基金的收益在增加，净值也在不断增长。基金在这个过程中的净值价差收益就是我们经常说的资本利得。资本利得很大程度上决定了基金的整体收益。

股息红利

事实上，股息红利是两个部分。一部分是股息，就是基金购买某家公司的优先股权，从而享有这家公司净利润分配的所得。股息通常是按一定的比例事先规定的，是构成投资者回报的一个重要部分，因此股息高低也是基金管理人遴选投资组合的重要标准。

另一部分是红利，是指基金因购买公司股票而享有该公司净利润分配的所得。一般而言，公司对股东的红利分配有现金红利和股票红利两种形式。

股息和红利的一个主要区别在于，股息通常是按一定的比例事先规定的。

利息收入

利息收入主要分为两个部分。一部分是投资债券的收入，指的是基金资产由于投资不同种类的债券，比如国债、地方政府债券、企业债等而获得的定期利息。因此，对于基金，尤其是债券型基金来说，债券利息是构成投资回报的重要组成部分。

另一部分是银行存款利息收入，指基金把资金存入银行所得的利息收入。对于开放式基金来说，要保证投资者能随时赎回基金，因此会保留一定比例的现金在银行，虽然这部分收益仅占基金收益很小的一部分，但是对于基金来讲是必不可少的。

在这三种收益中，资本利得收入是基金收入中最主要的收入，是大家在投资基金时需要重点关注的。

你要投资哪种类型的基金

通过前面的章节，大家已经知道基金的运作模式就是由基金经理帮助打理我们的资金。那么基金经理用我们的钱都购买了什么理财产品？这些理财产品有什么特点呢？

下面我带着大家梳理一下基金的分类。

基金有很多种类别，可以按照资产类别、投资理念、资产地域进行划分（需要大家注意的是，除非有特殊说明，我在这本书里介绍的基金以场外基金为主）。

按照资产类别分类

按照投资的资产类别不同，基金大体上可以分为货币型基金、债券型基金、股票型基金、混合型基金。

货币型基金

货币型基金这两年风生水起，得益于"余额宝"的普及。货币型基金专门投资风险小的货币市场，比如我们熟知的国债、央行票据、商业票据、银行定期存款、同业存款等，都是货币型基金投资的对象。正因为这些资产风险很低，所以货币型基金也成为很多理财达人存放应急备用金的好地方。当大额资金暂时没有好的投资渠道时，货币型基金也是薅羊毛的好地方。在之前的章节里，我提出了在理财之前要装满三个口袋，应急备用金就可以放在货币型基金里随时取用。

安全性高、流动性强、收益高于活期存款是货币型基金的优势。

债券型基金

债券型基金主要投资的是各类债券，比如我们熟悉的国债、金融债、企业债等。债券型基金也可以将少量资金投资到股票市场。根据持有债券比例和类型的不同，我们把债券型基金进一步细分。

对于完全（100%）投资债券的基金，我们称为纯债基金。

对于债券投资比例在80%以上的债券型基金，我们称为普通债券型基金。那么剩下不到20%的资金投向哪里了呢？在这里，普通债券型基金分为一级债券型基金和二级债券型基金：一级债券型基金除了可以购买债券之外还可以参与一级市场新股申购和增发；二级债券型基金在一级债券型基金的基础上更进一步，可以买卖股票。因此，从风险的角度来看，二级债券型基金的风险大于一级债券型基金。

第三种债券型基金叫作可转债基金，主要投资的是可转化债券，这类债券型基金的特点就是债券在特定的时候可以转化为股票，具有股票和债券双重性质。

总的来讲，债券型基金的年化收益要高于货币型基金，但是风险也随之增加。收益和风险，永远是相伴的。

股票型基金

股票型基金主要投资股票市场，在占比上，股票型基金中的股票不能低于80%。

股票型基金是各基金类别中风险系数比较高的一种，同时收益也普遍较高。和其他成熟国家的证券市场相比，国内A股市场的散户比例较高，一些专业的投资经理操盘股票型基金还是能够战胜大盘指数的，这样就给投资者带来了一定的超额收益。所以，投资者值得花一些精力挑选出适合自己的高收益股票型基金。股票型基金的分类方法也比较多，可以按照投资的资产方向、股票种类、投资目的进行细分。

混合型基金

混合型基金，从名字上就能感受到这类基金的混搭风格。股票型基金的股票仓位和债券型基金的债券仓位都必须在80%以上，但是混合型基金的股票仓位可能只有60%，债券仓位只有20%，还有20%是货币型基金。这种基金既不能归类为股票型基金，也不能说它是债券型基金，所以我们只能称它为混合型基金。因此混合型基金可以同时投资股票、债券和货币，这三者在混合型基金中的比例没有严格的限制。

虽然是混搭，但是不同的混合型基金还是有不同的侧重的。股票配置高一些的是偏股混合型基金，债券配置高的是偏债混合型基金，当然还有债券和股票占比相对平均的股债平衡型基金。

在证监会规定股票型基金持股比例由原来的最低60%上升到80%以后，越来越多的股票型基金转型成为混合型基金，为的就是在市场走势不好时，基金经理可以把股票仓位降下来，从而避免损失。但是，从另外一个角度讲，混合型基金的股票仓位也可能比股票型基金的股票仓位更高，下跌起来也是一点都不含糊。

总结一下，如表2-1所示，按照资产类别进行区分的基金主要有以下四种。

表 2-1　按照资产类别区基金

货币型基金	债券型基金	股票型基金	混合型基金
投资短期的货币市场工具	基金资产有 80% 以上投资债券	基金资产有 80% 以上投资股票	股票、债券配置比例没有限制

按照投资理念分类

如表 2-2 所示，按照投资理念的不同，基金还可以分为被动型基金和主动型基金。

表 2-2　按照投资理念区别基金

被动型基金	主动型基金
被动地跟踪标的指数，努力取得与标的指数近似的收益率	人工挑选股票，努力获取超过市场平均水平的收益

被动型基金

一般来说，被动型基金指的就是指数型基金。指数型基金顾名思义就是模拟指数的基金，具体来说是以特定指数为标的（比如以上证综指或者深证指数为标的），并以该指数的成分股为投资对象的基金。被动型基金经理不用像主动型基金经理那样苦思冥想买什么股票，只需要按照构成指数的成分股配置就好了。被动型基金经理唯一要主动关心的事情就是尽量减小和相应指数的跟踪误差。因此指数型基金的申购费用也较股票型基金低不少。

主动型基金

和被动型基金刚好相反，主动型基金需要由基金经理主动来选股、选债，试图通过人工挑选，获取比市场水平更高的收益。因为需要基金经理主动选择，需要基金公司的研究团队对股票进行严格筛选，耗时耗力，所以主动型基金的申购费用相对被动型基金要高一些。

按照资产地域分类

按照投资的资产地域不同，基金可以分为投资国内市场的基金和投资海外市场的基金。投资国内市场的基金在前面的内容中已经介绍过，这里就不再赘述。投资海外市场的基金则主要是 QDII 基金。

QDII 基金

从 2017 年开始，美国股市走出了一种气势如虹的感觉。这么好的赚钱机会，我们怎能不抓住？

QDII 基金就是专门投资海外市场的基金，QDII（Qualified Domestic Institutional Investor）的全称叫作合格境内机构投资者，什么意思呢？就是说国内的基金公司可以募集投资者手中的人民币去购买国外的资产，比如股票、债券等。也就是说，我们可以利用 QDII 基金来配置海外的资产。当然，这里所谓的海外资产的第一选择就是美股。

避开基金投资的八大误区

在投资基金的过程中，大家由于专业知识掌握得不够充分，常常会陷入一些投资误区，我总结了 8 个比较典型的情况，帮大家一一分析。

业绩排名靠前的基金就是好基金吗

业绩排名是我们挑选基金时需要重点考察的指标。正常情况下，一支基金的历史业绩确实能说明其好坏。历史业绩越长，业绩越好，我们在很大程度上就可以认为这支基金运作得很成功，但是业绩排名并不是唯一的考察指标。

比如在 2015 年非常火爆的长信量化先锋混合 A 基金，在同类混合型基金中曾排名在第 44 位，但是在 2017 年的时候它的排名已经滑落到第 2025 位，年化收益率也从 2015 年的 84.03% 下降到 2016 年的 -13.73%。

所以基金的排名固然重要，也是我们选择靠谱基金的重要依据，但是对待过去的业绩大家要有清晰的认识：过去的已然过去，我们面对的是未来，不确定的未来。不能一味地相信过往业绩。

基金越便宜越好吗

很多投资者喜欢买净值低的基金，我刚刚接触基金的时候也是专挑便宜的买。总觉得便宜的基金可以买的份数更多，以后涨起来赚的也会更多。那么事实真的是这样吗？

假设有两支基金 A 和 B，它们的投资策略和投资组合全部保持一致，唯一不同的是基金 A 净值是 1 元，基金 B 净值是 2 元。如果我目前手里有 5000 元可以投资，那么买哪支基金更划算呢？

买基金 A，可以购买 5000 份，假设一年之后上涨 10%，净值涨到 1.1 元，基金 A 的总价值就达到了 5000×1.1=5500 元。

买基金 B，可以购买 2500 份，假设一年之后同样上涨 10%，净值涨到 2.2 元，基金 B 的总价值就达到了 2500×2.2=5500 元。

也就是说，如果这两支净值不同的基金的投资方式一样，那么无论我们买哪支，都会一起涨一起跌。因此收益率只和投资金额和单位基金涨跌比率有关，和净值高低关系不大。

所以，购买基金并不是越便宜越好，基金净值高反而说明其过往投资收益表现不错，为投资者们赚了不少钱。所以，大家在购买基金的时候，对于净值不要过于看重，或者说净值高低不应该成为大家买基金的决定性因素。

明星基金就是最好的吗

这个误区其实和看业绩排名选基金类似。大家都喜欢追捧明星基金，但是明星基金的光芒都来自过去的成绩。很多明星基金受到热捧之后就开始出现业绩下滑。一方面在于 A 股市场是典型的板块轮动市场，过去大涨的板块不见得一定能持续涨势；另一方面明星基金的基金经理也是决定基金业绩高低的关键因素。比如著名的华夏大盘精选基金，在王亚伟离开之后，就一直处于低迷状态。

再比如前几年的明星基金中邮战略新兴产业混合基金，我们可以在表 2-3 中看到它在 2013 年、2014 年、2015 年、2016 年和 2017 年的收益变化。

表 2-3　中邮战略新兴产业混合基金的年化收益变化

基金名称	年份	年化收益率
中邮战略新兴产业混合基金	2013	80.38%
	2014	57.29%
	2015	106.41%
	2016	−26.7%
	2017	−28.18%

从表 2-3 中可以看出，中邮战略新兴产业混合基金的收益波动非常大，有年化收益率超过 100% 的时候，也有连续两年收益跌破−20% 的时候，可谓是冰火两重天。

可以说，每年排名在前十的最牛基金都是城头变幻大王旗，年年风水轮流转，很少出现连续两三年排名进入前三名的基金。因为，任何一种投资风格或者投资策略都不可能在所有市场环境中稳赚不赔。

之所以能在一段时间里傲视群雄无非有两种可能：一种就是天时地利人和都具备，实力是一方面，还要有那么一点点运气加持；另一种是投资风格非常激进，通过承受远高于市场上其他基金的风险来博取超额的收益。

所以，与其关注明星基金，不如关注基金的可持续性和稳定性。毕竟我们选基金是要选一个耐力型选手，拿百米冲刺的劲头跑马拉松，估计很难笑到最后。

基金名字就是投资的主要方向吗

大家买基金的时候，都会根据基金的名字对基金的投资方向和内容做一个大致的判断。比如沪深 300 指数型基金，我们能从名字上判断这支基金投资的是沪深 300 指数；比如某大盘股混合型基金，我们能根据名字估计出这支基金很有可能投资的是蓝筹股。

但是，不是所有基金都是"名副其实"的。

举个例子，对于某低碳环保混合型基金，看名字大家肯定会认为这支基金属于投资低碳环保行业的混合型基金。

如图 2-6 所示，我们来看看这支基金的投资策略。

2. 股票投资策略
（1）低碳环保主题类股票的界定
根据本基金管理人自身的研究、券商研究机构的研究等，本基金管理人认为，低碳环保包含了从资源、能源的获取和产生，经中间的输送和配送，到净化处理及循环利用的整个过程。一般来说，低碳主要是从工业活动前端改善能源结构，提升能源和资源的有效利用率，从源头减少能源的消耗；环保主要是后端处置，对工业活动日常生活产生的污染物进行处置后，然后排放到自然环境中。低碳环保，兼顾了前端与后端的处置，使经济发展与环境的矛盾得到有效化解，最终进入人与自然和谐共存的阶段。
本基金认可的低碳环保主题类股票包括两种类型的股票。
1）直接从事低碳环保主题相关行业的股票
低碳主题相关股票：
A. 清洁能源：主要包括清洁能源的研发、生产与运营，如风能、太阳能、生物质能、水电及核电等；也包括清洁能源的传输、服务等配套产业，如特高压输电、智能电网等相关上市公司。
B. 节能减排：主要包括与节能技术和装备、节能产品及节能服务产业相关的上市公司，如工业节能、建筑节能、汽车节能；也包括化石能源减排，如清洁燃煤、整体煤气化联合循环、碳捕获与封存等相关上市公司。
C. 碳交易与陆地碳汇：主要包括与清洁发展机制项目和农林产业减排增汇等相关的上市公司。
D. 环保行业：包括环保技术和设备、环保服务和资源利用等相关行业的上市公司。

图 2-6　某低碳环保基金投资策略截图

从这支基金的投资策略上看，它的投资基本是在低碳环保的范围内，名字和投资策略是大致吻合的。但我们还要再看看这支基金在选股过程中投资的股票有哪些（如图 2-7 所示）。

很明显，这支基金的前十支持仓股票和低碳环保关系不大，或者可以说是完全没有关系。如果投资者是冲着低碳环保主题去买这个基金的，那么可能要失望了。

因此，大家在关注基金名字的同时，也要考察基金投资资产是否和投资策略相一致。确保投资的基金是自己想要的类型。

股票持仓	债券持仓		更多>
股票名称	持仓占比	涨跌幅	相关资讯
跨境通	10.53%	-0.93%	股吧 档案
华帝股份	10.03%	2.52%	股吧 档案
南极电商	9.81%	0.41%	股吧 档案
信维通信	9.33%	0.58%	股吧 档案
老板电器	9.16%	-0.54%	股吧 档案
索菲亚	9.02%	0.57%	股吧 档案
韵达股份	8.68%	3.39%	股吧 档案
东方雨虹	7.96%	0.88%	股吧 档案
分众传媒	5.60%	0.28%	股吧 档案
兔宝宝	5.00%	5.24%	股吧 档案
前十持仓占比合计：	85.12%		
持仓截止日期: 2017-09-30		更多持仓信息>	

图 2-7　某低碳环保基金股票持仓截图

分红的基金才是好基金吗

很多投资者觉得，基金如果经常分红，说明业绩很好，肯定是一支不错的基金。事实上，基金业绩的好坏与基金分红没有直接关系。基金分红并没有增加投资者的收益，实际上是把大家的收益从左口袋放到了右口袋，玩了一个小游戏而已。

举个例子，如果基金 A 目前的净值是 1.7 元，近期每股分红 0.7 元，净值变为 1 元，那么这支基金就需要拿出 41%（0.7÷1.7=41%）的资产来进行分红。为了准备此次分红，基金经理需要对基金进行调仓，卖出股票筹集分红的资金。基金的仓位也要在原来的基础上下降到 59%（1-41%=59%）。再加之很多投资者惯性思维，更喜欢买净值低的基金，那么这支分红后的基金，基本上和一支刚刚建仓的新基金没有什么差别了。

如果分红后市场大涨，那么只有 59% 仓位的"新基金"显然不能够享受牛市带来的足够收益。

这么不讨好的事情，为什么有的基金公司经常做呢？

别忘了，基金净值降低，会有更多钟情低净值基金的投资者来申购，基金的申购费、管理费才是基金公司最在意的。

当然，基金分红并不是一无是处。比如如果分红后市场大跌，那么仓位低的基金受到的冲击就会小很多。这一点对于老投资者来讲是件好事。

因此，大家要理性地看待基金分红这件事，更不能把基金分红和股票分红混为一谈。

新基金一定比老基金好吗

很多投资者喜欢买新基金，因为新基金在申购费用上要比老基金便宜，新基金净值低，购买的份额也就会更多。但是新基金的投资策略是否奏效，新基金的基金经理是否靠谱，在没有过去历史数据可以参考的情况下，实在是难以评判。

同时，新基金都是有封闭期的，在三四个月的封闭期内，基金经理要完成建仓工作。如果此刻是在牛市期间或者股票估值普遍偏高的时候，基金经理还不得不去建仓，那么会增大投资风险。而且在封闭期投资者是不能买卖基金的。

还有的投资者觉得新基金就像原始股一样值得抢购。事实上，这种想法是不对的。新上市的股票价格很有可能远远低于其价值，但是新基金投资的股票大部分是经过基金公司反复研究、不断挑选的股票，可能会有新股票在其中，但是总的来看，不会大量存在这样的情况。对于基金来讲，资本利得才是提高收益的主要方式。

如果投资者确实对新基金情有独钟，那么该怎么办呢？

还有一种折中的方法，那就是关注次新基金。

什么是次新基金呢？

次新基金就是已经结束认购期和封闭期，刚进入申购和赎回阶段的基金。那些有大额分红导致基金净值大幅度降低的基金也可以算作次新基金。

次新基金最大的优势其实就是仓位比较低。

由于次新基金并不是满仓，所以可操作回旋的余地就比较大。如果在熊市期间，仓位低的基金跌幅相对较小，持有的现金也可以应对大量的赎回。

如果在牛市，次新基金可能在涨幅上比不过满仓的基金，但是和新基金相比，次新基金已经不再处于建仓期，也是可以获得部分收益的。

如果确实喜欢新的基金，那么次新基金可以成为投资者的一个选择。

规模大的基金都是好基金吗

基金规模大，说明选择这支基金的投资者或者机构比较多。但是，大部分的基金业绩表现会出现"规模收益递减"的特性。

什么意思呢？

就是说基金规模越大，赚钱越难。这是因为随着基金规模的增大，基金经理需要将大量新进入的资金买入资产，在大量资金的压力下所买入的股票质量就难以保证，即使没有好的标的，基金经理迫于时间和投资纪律也只能退而求其次选择次优甚至是一般的股票，基金原有的优秀资产比例会进一步下降，业绩容易被侵蚀。

俗话说，船小好掉头，规模太大的基金，要想调仓换股也会困难重重。

可以相信专家的判断吗

其实，专家也是很难做的。预测准了没人来鼓掌，一次预测错误就会被骂得狗血喷头，简直就是高危职业。

但就预测来讲，其实和抛硬币一样。

大家都知道，经常有一些所谓的"专家"预测第二天股市的涨跌，而且信徒众多。为什么会出现这种情况呢？

我们假设一位专家给 1000 个人预测未来市场的涨跌，不同的是专家告诉其中 500 个人说明天股市要大跌，对另外 500 个人说明天要大涨。

那么无论明天涨跌，这位"专家"肯定对其中一半的人（500个）说中了。

第二天，专家继续跟说对的 500 个人进行预测，500 个人分为两组，一组预测大涨，另一组预测大跌。

很明显，专家又对其中 250 个人预测准确了。

也许刚开始接到专家预测的人是不屑一顾的，但是一次次预测下去，总有一半人得到了正确的结果，如果连续 10 次呢？

你会不会动心，原来真的有专家可以预测市场的涨跌！

但实际上，大家能从上面的例子看出来，所谓的预测其实就是一个概率问题。只不过在一次次的韭菜筛选中，总有那么一些幸运儿能够获得专家的"垂青"。

可实际上，市场是不可预测的。如果大家想和市场博弈，那么十有八九是会输的。市场的魅力就在于它不断地考验大家，用涨跌来迷惑大家。在上涨的时候让大家信心爆棚，产生贪婪心理；在下跌的时候，让大家寝食难安，阵阵恐惧。

投资是手段不是目的，更不是生活的全部。当一个投资者每天盯着净值坐立不安时，也许他反而离投资的真正意义越来越远了。

HOW TO SELECT FUNDS
AND GET HIGHER RETURNS

第三章

基金操作全流程

基金如何选

选出让自己心仪、为自己赚钱的好基金，是我们投资基金的首要目标，那么如何才能选出赚钱的好基金呢？

关于基金投资，最让大家关心的有两个方面：收益和风险。所以我就围绕这两个关键词，和大家分享一下选择基金的重要参考指标。

大公司

这个标准其实挺俗气的。

但是比拼基金收益，就如同打仗一样。表面上看是比拼谁的军事实力强，但实际上真正比拼的是双方的经济实力，或者说是综合国力。

将这个原则代入到基金选择中，就需要我们看看基金公司是否有足够雄厚的实力。

从基金规模看，截至 2017 年上半年，基金规模破 1000 亿元的基金公司有：天弘、工银瑞信、易方达、博时、招商、南方、嘉实、华夏、建信、中银、汇添富、广发、富国、华安、华宝、兴全、兴业、上投摩根、大成等。

根据第三方评级机构（天相投顾）的评级来看，获得五星评级的基金公司有：南方、嘉实、汇添富、华安、富国、兴全。

根据 2017 年上半年业绩位列前茅的基金产品来看，业绩比较突出的基金公司有：易方达、建信、嘉实、景顺长城、银华、招商、安信。

所以，从这三个排名来看，大家基本上可以锁定几个比较靠谱的大基金公司。

基金公司作为整个基金运作的管理者，会完成向投资者发行基金、寻找托管机构、找到合适的基金经理和研发团队等工作。因此，基金公司的运作能力高低和管理水平会直接影响基金的业绩表现，当然也关系到投资者的投资收益。

老经理

基金要实现盈利，除了依靠基金公司强大的投研团队，还需要基金经理丰富的操盘经验，这样才能不断赢取高于市场的收益。

选择基金经理主要看什么呢？

总的来讲，业绩和稳定性是考核基金经理的关键。

不管是大盘股还是小盘股，拼业绩才是关键，也是重点。对于基金经理来讲，保持短期的较高业绩其实并不是很难。但是在投资这个行业里，没有经历过大风大浪，没有经历过股灾牛市，就不了解中国股票市场的复杂性，也就不算一名出色的基金经理。所以对业绩的评估，需要拉长时间线，能够经历牛市、熊市还能保证较高收益的基金经理才能称得上优秀。

因此，在选择基金经理的时候，需要把基金经理管理过的基金综合到一起来看，如果基金经理管理一支基金超过 3 年，甚至 5 年，而且还能保持较好的业绩，那么对于投资者来说将是最大的福音。

好基金

前面介绍了投资者在选择基金的时候要偏重大的基金公司和管理基金时间较长的基金经理，那么针对基金本身，有什么指标可以进行比较的呢？毕竟，基金公司和基金经理离投资者还有一定距离，而基金本身是大家每天都能够接触到的。我在这里介绍几个衡量基金的绩效指标，帮助大家进一步筛选出优秀的基金。

贝塔（β）系数

它反映的是基金和基金评价基准之间的系数，是一个相对指标。大多数基金对标的的评价基准都是沪深 300 指数，所以大家也可以将贝塔系数理解为基金相对于大盘的波动情况。

当贝塔系数 >1 的时候，说明基金比大盘的波动大，即风险比大盘高。例如贝塔系数是 1.3，那么如果大盘涨 10%，基金就会涨 13%；但是在下跌的时候，如果大盘跌 10%，基金就要跌 13%。

当贝塔系数 <1 的时候，说明基金比大盘的波动小，即风险比大盘低。例如贝塔系数是 0.7，那么如果大盘涨 10%，基金就会涨 7%；如果大盘下跌 10%，基金会下跌 7%。

如表 3-1 所示，我选了三个比较典型的基金，大家一起感受一下。

表 3-1　基金贝塔系数对比（截至 2017 年 11 月 30 日）

	汇丰晋信大盘股 A	国泰估值优势混合	景顺长城沪深 300 指数增强
评价基准	0.73	1.53	0.88
贝塔系数	0.99	0.8	1.04

可以看出，景顺长城沪深 300 指数增强基金和汇丰晋信大盘股 A 基金的贝塔系数较高，说明这两支基金的波动比较大，容易出现大涨大跌；国泰估值优势混合基金的贝塔系数较小，说明这支基金的波动性小，稳定性较好。

阿尔法（α）系数

阿尔法系数反映的是基金能够在多大程度上跑赢整个市场，也就是基金能够获得的超额收益。既然表征的是超额收益，那么阿尔法系数就是直接体现基金经理择时能力和选股能力的关键。所以阿尔法系数高，说明基金获得的实际回报要比预期的高。

从表 3-2 中可以看出，国泰估值优势混合基金的阿尔法系数高达 28.05，几乎达到了对应的评价基准的 2 倍。可以说这支基金具有较强的获得超额收益的能力。

表 3-2　基金阿尔法系数对比 （截至 2017 年 11 月 30 日）

	汇丰晋信大盘股 A	国泰估值优势混合	景顺长城沪深 300 指数增强
评价基准	21.67	14.11	11.48
阿尔法系数	20.91	28.05	12.46

夏普比率

上面介绍了贝塔系数和阿尔法系数，它们分别展现出一支基金在风险波动和超额收益方面的成绩。那么有没有哪个指标能够同时衡量综合收益和风险两个方面呢？

感谢夏普（不是卖电视的夏普，是获得诺贝尔经济学奖的夏普）给我们提供了这样的一个指标。

夏普比率就是能够综合衡量收益和风险的系数，它是用基金收益减去无风险投资收益，再除以基金的标准差得出的。

例如，基金 A 的年化收益率是 28%，标准差是 10，90 天国债的收益率是 5%，那么基金 A 的夏普比率就是（28-5）/10=2.3。

夏普比率高，则说明在收益相同的情况下，基金面临的风险较低；或者说在风险一定的情况下，收益较高。

因此在收益或者风险不变的情况下，夏普比率越大越好。

目前，夏普比率已经成为国际上用以衡量基金绩效表现的最为常用的一个标准化指标。

从表 3-3 所示的三支基金上看，它们的夏普比率都很不错，尤其是汇丰晋信大盘股 A 基金和国泰估值优势混合基金，无论是 3 年还是 5 年的夏普比率都超过 1。可以说夏普比率是一个比较综合的指标。大家在选择基金时，可以重点关注夏普比率。

表 3-3　基金夏普比率对比

	汇丰晋信大盘股 A	国泰估值优势混合	景顺长城沪深 300 指数增强
3 年夏普比率	1.09	1.15	0.87
5 年夏普比率	1.05	1.09	—

　　基金的绩效指标背后有着较为复杂的投资理论知识，相对难以理解，但是大家在深入学习了解之后，这些指标将有助于我们更加科学地衡量基金投资的收益和风险，也让我们能够更加快捷地筛选出适合自己的基金产品。

选你最爱

　　除了这三个指标之外，还有 R 平方、标准差等指标可以用以衡量一支基金的收益和波动情况。在后面的章节里我会继续和大家分享。

　　需要说明的是，无论是贝塔系数、阿尔法系数还是夏普比率，都需要在同一类型的基金中进行对比，如果拿股票型基金和债券型基金进行对比，就没有意义了。

　　总之，在选择基金的时候，在宏观层面要选大基金公司 + 老基金经理；在微观层面要关注贝塔系数 + 阿尔法系数 + 夏普比率。

　　当然，最重要的是选你最爱的那支基金。

基金如何买

　　大家经过千挑万选，终于选出来自己心仪的基金，那么从什么渠道可以购买这些基金呢？

　　总的来说，目前市面上主流的基金购买途径有三种：一种是去银行代销网点购买，另一种是直接去基金公司的网站购买，最后一种是去第三方理财机构购买。

总的来说，三种方法各有利弊。

从银行代销点购买

虽然很多年轻的投资者觉得通过银行买基金太老土，但其实目前银行代销基金仍然在基金销售渠道中占据大头。去银行买理财产品的多是老年人，想想当年在买黄金上和华尔街抗衡的大爷大妈们，他们的实力实在不容小觑。而且去银行买理财，会有销售经理现场讲解，端茶送水，服务贴心又细心，尤其是面对面交流，更容易让老年人信服。况且，又有哪些基金公司能像银行一样，在全国各地有这么多实体经营场所呢。银行可以开到乡、镇、村，相比之下，基金公司就不行了。

银行代销体现了银行的优势，从某种意义上讲，银行是在通过自己的渠道来给基金背书。所以几乎所有的基金都会和不同的银行有销售关系，方便大家去银行的时候购买基金。

当然，银行代销也有很多问题。

（1）银行代销的基金有限。和第三方代理机构相比，可以在一家银行里购买的基金数量远不如可以在第三方机构购买的基金数量多。银行更多的是和一些主流的基金签订代销合同，很难将市面上所有在售的基金全面纳入到销售范围内。

（2）银行代销的费用高。按照 1.2% 的费率来计算，第三方代理机构可以在此基础上打 1 折，基本上等同于没有费用。但是银行代销的基金产品很难得到如此大的优惠力度。

（3）销售人员在推荐的时候，很难做到完全为客户着想，毕竟销售人员还要背负相应的考核指标。只推荐自家产品或者提成高的产品会成为常态。盲目听信销售人员的推荐，只能是帮助销售经理完成销售任务。

从基金公司网站购买

随着互联网的快速发展，基金公司网站也成为了大家投资基金的一个重要途径。如果大家想买指数系列的基金，可以直接去广发、天弘基金官网购买；如果想买量化或者增强型基金，可以直接去华泰柏瑞、景顺长城基金官网购买。

对于专业性比较强的基金公司，我们在官网上可以更集中地看到公司的全部产品状况。同时，基金公司经常会在自己的官网上推出力度很大的折扣，在费率上有一定优势。基金公司的明星基金也会在最醒目的位置上推出。如果大家想转换自己手里的基金，那么同一家基金公司的基金转换起来也会更方便，在基金公司官网上操作更为顺手，费用上也会有很大的折扣，甚至是免费转换。

当然，并不是说基金公司直销基金就没有一点不足。

基金公司直销最大的不足就是基金数量较少。投资者肯定不能在南方基金公司的官网上买到易方达基金公司的基金。尤其是目前不同的基金公司在实力上各有侧重，只在一家公司购买，显然难以达到扬长避短的效果。

从第三方代理机构处购买

第三方代理机构直到 2012 年才进入到普通大众的视野，在 2015 年的大牛市里，一些明星代理机构异军突起，成为佼佼者。比如我们熟悉的天天基金网，比如之后把申购费打到 1 折的蚂蚁金服，都成为大家方便快捷购买基金的新渠道，也让大家见识了互联网金融的威力。之后陆续有腾讯、百度、京东等互联网企业也加入了第三方代理机构的行业。

那么第三方机构到底有多火呢？

以 2015 年为例，公募基金的总净值是 8.4 万亿元，天天基金网的基金销售额是 7433 亿元，占公募基金总净值的 8.8%。在第三方机构中，目前有 86 家获得了相关资质，但是仍处于快速发展阶段。

不过，这些不妨碍它们的突出优势和亮点。

（1）基金种类更全。比如天天基金网和蚂蚁金服基本上覆盖了市面上所有的公募基金，投资者想买的基金，都可以在这些网站中查到，投资者可直接进行网上购买或者在手机 APP 上购买。

（2）手续费更低。手续费超低已经成为这个行业中的标配服务，投资者很多时候都能够进行 1 折申购，从而省下一大笔申购费用。

（3）用户体验更好。无论是手机端还是电脑端，互联网公司的加入都让产品的用户体验更上一层楼。界面整洁干净，操作简单方便，符合互联网用户的使用习惯。

（4）态度相对中立。毕竟第三方代理机构代销的基金很多，专门推销一类基金是不现实的，如何提供有价值的基金投资咨询，帮助投资者真正赚到钱，才是这些第三方机构谋求生存发展的不二法门。

基金转换

大家在投资基金的时候，是不是总有一种觉得别人家的基金更好的感觉？自己的基金半死不活，别人家的基金却一路红彤彤，半个月就盈利超过 10%。哎，谁让这些基金是"别人家的基金"呢。

如果想把自己手里的基金换成自己新看上的基金，最直接的方法就是赎回老基金，然后再买入新基金。但是这样的方法费时费力。很有可能经这么一折腾，一周时间就过去了。如果你购买的是 QDII 基金，时间会更长。

有没有比较简单方便的方法，让大家快速买入自己喜欢的基金呢？

当然有，基金转换就是为解决这个问题而来的。

所谓基金转换，理解起来非常简单，就是把基金赎回和重新申购的步骤合二为一，卖出旧基金，买入新基金。进行基金转换，不但可以节省时间，在费用上也能省下一笔。

因为基金转换不需要全部缴纳新基金的申购费用，只需要缴纳转入转出基金之间的申购差价，加上转出基金的赎回费用。如果转入转出基金的申购费用一样，那么投资者只需要缴纳转出基金的赎回费用就可以了。

基金转换费用＝转出基金赎回费＋转入转出基金原申购费率补差费

说了这么多概念和公式，下面我们来举个例子。

比如，我在 2015 年底申购了 1 万份某基金公司的股票型基金 A，申购费是 1.2%，赎回费是 0.5%。2017 年我准备把基金 A 换成这家基金公司的另一支股票型基金 B，基金 B 的申购费是 1.5%。目前基金 A、B 的净值分别为 1.5 元和 2 元。

（1）如果不使用基金转换，而是先赎回后申购，费用计算如下。

赎回基金 A 的费用是 $10000 \times 0.5\% \times 1.5 = 75$ 元；

申购基金 B 的费用是（$10000 \times 1.5 - 75$）$\times 1.5\% = 223.875$ 元。

总的算下来，传统转换基金的方法需要花费 $75 + 223.875 = 298.875$ 元。

（2）如果使用基金转换的方法来计算，费用又是多少呢？

转入转出基金原申购费率补差费是 $10000 \times 1.5 \times（1.5\% - 1.2\%）= 45$ 元，再加上基金 A 的赎回费用 75 元，利用基金转换的方法，一共要花费 $45 + 75 = 120$ 元。

显然，基金转换不仅可以节省时间，也能够省去一笔不小的费用。需要提醒大家的是，基金转换也需要注意时间节点，在交易日 15 点之前提出申请就会按照当天的净值进行转换，在交易日 15 点之后提出申请就按照下一个交易日的申请处理。规则和买卖基金没有区别。

除了刚才说的优势，基金转换还有其他的特点吗？

首先，基金转换可以规避基金风险。当股市出现较大波动的时候，通过基金转换可以将高风险的股票型基金转换成低风险的货币型基金或债券型基金，而在投资者看好后市时可再将货币型基金或债券型基金转换成股票型基金，享受牛市带来的收益。

其次，基金转换可以完善基金投资组合。如果投资者因为一时冲动买了不合适的基金，那么他可以采用基金转换的方式，选择同一基金公司的其他基金品种。

最后，基金转换可以带来对某些限购基金的投资机会。某些限购基金在限制申购的时候，未必限制基金转换或者基金定投。这个时候可以通过购买该基金公司的其他基金，而后通过基金转换实现买到限购基金的目的。

上面介绍的基金转换方法有一个限制条件，那就是投资者只能在同一家基金公司内部进行转换。

那么基金转换是不是只能在同一家基金公司内部进行呢？随着第三方平台的推陈出新，陆陆续续出现了很多新的方法，比如超级转换。

所谓超级转换，就是投资者将所持有的某一基金公司的基金份额，转换为符合条件的其他基金公司的基金份额。

那么超级转换是如何实现的呢？

实际上，基金超级转换业务中转入资金是由第三方先行垫付的。也就是说，当投资者在 T 日提交超级转换申请的时候，第三方就出资买入目标基金，那么投资者在 T + 1 日即可确认转入和转出份额。

在基金赎回确认后，会根据实际金额进行调整（调增或者调减），调整完成后即为最终超级转换金额。

我们来具体操作一下。

假如我想把手里的景顺长城沪深 300 增强基金转换为申万菱信沪深 300 指数增强基金。很显然这是两家不同的基金公司的产品，如果跨公司转换的话，就需要使用超级转换模式。

首先，我们在天天基金网的【基金转换】页面中选择超级转换，页面会跳转到图 3-1 所示的内容。

上半部分是景顺长城沪深 300 增强基金的基本情况，还包括它目前可以转出的基金份额有多少。

在下半部分，大家可以在【选择转入基金】中输入要转换的基金代码。同时，要转换的基金的基本信息也在对话框下方实时显示，大家不要着急单击【下一步】按钮，先检查一下基金信息是否正确。

单击【下一步】按钮之后，大家就能看到超级转换最核心的一个页面，如图 3-2 所示。这里面罗列了转出基金和转入基金的基本情况，包括转换双方的基金类型、风险等级、收费方式、分红方式等。大家在【转出份额】中填写要转出的具体份额数后，系统会自动预估出这些基金份额的整体价格，并同时买入申万菱信沪深 300 指数增强基金。

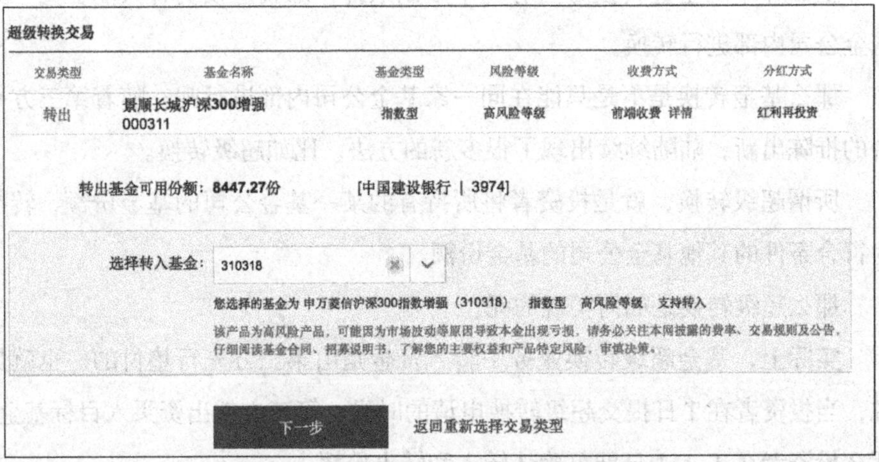

图 3-1　天天基金网的超级转换页面

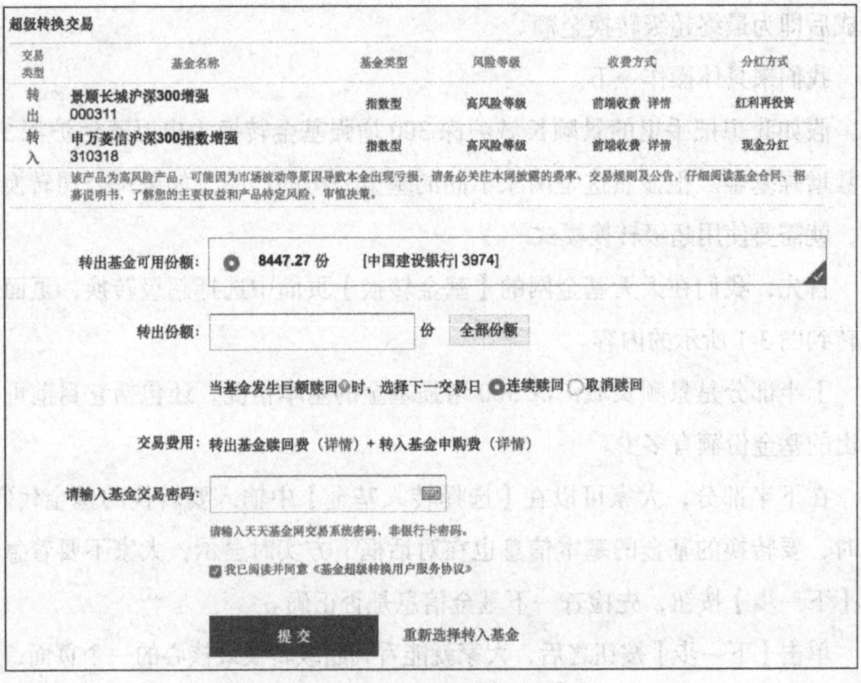

图 3-2　超级转换的核心页面

所有信息填写完成之后，大家就可以提交超级转换申请了。

但愿大家转换完的基金能够继续一路上涨。

基金买入卖出的成本到底是多少

基金投资，最核心的是要看收益。

但是，基金公司总要想尽办法薅投资者的羊毛，基金没涨多少，倒是给基金公司交了不少手续费。

比如，买入基金的时候要交申购费，卖出基金的时候要交赎回费，基金持有期间还要交管理费和托管费。

只要能收钱的地方，基金公司都不会落下，就差向大家征收"基金投资智商税"了。

所以，基金投资是有成本的，而且还不少。

在这一节，我就和大家好好算算基金交易的费用到底有多少。

申购费用计算

我们以老基金为例，买老基金会有一个动作是申购，要交申购费。国内的申购费一般是按照外扣法来进行计算的。

举个例子。

假如我看好某支股票型基金 A，准备花 1000 元申购这支基金，它的申购费率是 1.5%。那么我申购基金 A 的费用 =1000−1000/（1+1.5%）=14.78 元。

因此我真正用来购买基金的金额是 1000−14.78=985.22 元。

不过，在互联网第三方平台上，申购费率经常打折，一些大的平台能够打 1 折，有时在官方网站上甚至可以申请免申购费。

我们以 1 折为例，那么我申购基金 A 的费用 =1000−1000/（1+0.15%）=1.5 元，由此实际申购金额就增加为 998.5 元。

申购费用从 14.78 元变成 1.5 元，两者相差近 10 倍，是不是很给力！更重要的是申购基金的实际金额也增加了不少。

如果我看好的基金 A，其目前单位净值是 1.2 元，那么我们用 998.5 元实际能申购到的份额 =998.5/1.2=832.083 份。

由此可以计算买入基金 A 的成本是：1000/832.083=1.2018 元。

也就是说，在考虑申购费用之后，买入基金 A 的成本不再是基金公司公布的净值 1.2 元，而是 1.2018 元。

赎回费用计算

假设过了几个月，基金 A 一路上涨，单位净值达到了 1.8 元，我简直开心到爆表。

按捺不住激动的心情，我准备赎回基金。赎回费按照最普通的 0.5% 来算，那么基金公司雁过拔毛，我需要交的赎回费 = 份额 × 净值 ×0.5%=832.083 × 1.8 × 0.5%=7.4887 元。

单位净值 1.2 元的基金涨到 1.8 元，我原本可以赚 600 元的，但是扣除了申购费 1.5 元、赎回费 7.4887 元之后，最后真正属于我的净收益只有 591.01 元。

说了一大堆数字，大家晕了没有？我是快了，我们还是看看表 3-4 来清醒一下。

表 3-4　基金实际投资成本

名称	投入本金（元）	实际份额	实际买价（元）	实际卖价（元）	实际市值（元）	净收益（元）
基金 A	1000	832.083	1.2018	1.791	1497.7494	591.01

买入基金 A 的净值不是 1.2 元，而是 1.2018 元。

卖出基金 A 的净值不是 1.8 元，而是 1.791 元。

考虑到申购费和赎回费，买的时候贵一点，卖的时候便宜一点。

嗯，还没挣多少钱，基金公司先把手续费收了。

所以你看到的不一定是真正的交易价格，都要细细地算清楚。

所以，当大家投资基金的时候，要看好实际买入价格和实际卖出价格，只有实际卖出价格大于实际买入价格，咱们才不亏损（在这里面，所有的托管费和管理费，我都默认已经扣除）。

HOW TO SELECT FUNDS
AND GET HIGHER RETURNS

第四章

基金类别介绍

货币型基金

什么是货币型基金

可以说，余额宝的出现，让货币型基金这个之前并不普及的基金类别迅速走进了大众的视野，也成就了货币型基金"现金流规划工具"的美名。

货币型基金主要投资于短期货币工具（一般期限在 1 年以内），比如国债、央行票据、商业票据、银行定期存单、短期债券等短期有价证券。货币型基金的这些投资品种决定了它的风险在各类基金中是最低的，货币型基金的合约一般都不会保证本金的安全，但事实上货币型基金的性质决定了它极少会发生本金的亏损。一般来说，货币型基金可以被看作现金等价物。

货币型基金和其他基金最主要的区别在于，货币型基金的资产净值是固定不变的，单位净值通常是 1 元。此外，货币型基金具有高安全性、高流动性的特点，能带来稳定的收益，投资者很容易就可以拿到3%~5%的年化收益率，这相当于一年期银行存款利率的1~2倍。换句话说，投资货币型基金相当于拿着定期存款的收益，享受活期存款的灵活性。对于很多希望回避市场风险的投资者来说，货币型基金是一个天然的避风港。

货币型基金按照参与资金的规模大小可以分为 A 类和 B 类。我们这里说的货币型基金，通常都是 A 类基金，它主要针对的是中小投资者。B 类货币型基金的起始投资金额是 500 万元或者 1000 万元，让一般投资者望而却步，但是 B 类货币型基金的收益率也普遍高于 A 类货币型基金。

不过，随着市场创新步伐的加快，目前也有多家基金公司向中小投资者开放了 B 类货币型基金，后面我会详细介绍。

货币型基金的优劣衡量标准

对于货币型基金的收益率，可以用哪些指标来衡量呢？

这里，我介绍两个指标，分别是万份收益率和七天年化收益率。

万份收益率，指的是投资 10000 元货币型基金，一天能够获得的收益是多少。

七天年化收益率，指的是将货币型基金最近 7 天的平均收益率进行年化计算后所得来的数据。

举个例子，我最近买了 10000 元的余额宝理财。当前余额宝的万份收益率是 1.0345，七天年化收益率是 3.56%。那么我存在余额宝的 10000 元，一天所获得的收益就是 1.03 元。

也许有读者就会问，既然通过万份收益率就可以看到每天的赚钱情况，那么就没有必要再看七天年化收益率了。事实上，七天年化收益率和万份收益率有很强的互补性。对于货币型基金来讲，万份收益率体现的是基金每天的收益变化，遇到月底、年底市场缺钱的时候，万份收益率会波动很大，这时候如果仅仅参考万份收益率进行投资就容易感到困惑。

（1）最近货币型基金的收益究竟是上涨的还是下跌的？

（2）与其他理财产品相比，货币型基金收益是更高还是更低？

此时，七天年化收益率的作用就凸显出来了。相对于万份收益率，七天年化收益率把短期的波动因素考虑进去，平均了过去 7 天的收益变化，因此更加客观、真实。投资者可以结合使用两个指标来筛选适合自己的货币型基金。

货币型基金的优势

总的来说，货币型基金有以下几个优势。

（1）资金流动性强：货币型基金的流动性可与活期存款媲美。货币型基金买卖方便，资金到账时间短，流动性很强，基金赎回一般1天就可以到账。随着互联网巨头的加入，目前一些货币型基金甚至可以实现"秒"到账。

（2）投资成本低：买卖货币型基金一般都免收手续费，认购费、申购费、赎回费都为0，资金进出非常方便，既降低了投资成本，又保证了流动性。

（3）方便转换：在前面的章节里，我提到过基金转换，货币型基金也可以与基金管理公司管理的其他基金进行转换。股市好的时候可以转成股票基金，债市好的时候可以转成债券型基金，当股市、债市都没有很好机会的时候，货币市场基金则是良好的资金蓄水池，大家可以及时把握股市、债市和货币市场的各种机会，将货币型基金作为一个中转站，灵活调节。

（4）与市场资金面成反比：货币型基金的收益率高低和市场资金面的松紧有着必然关联。当市场缺钱的时候，货币市场的利率相对较高，比如余额宝有一段时期的七天年化收益率甚至达到了7%。但是当资金面相对宽松的时候，拆借和回购利率会纷纷回落至1%附近，货币型基金的收益率也随之大幅下降。一般在月末、季度末和年底的时候，市场资金面相对紧张，货币型基金收益率会显著提升。

如果想知道市场上资金面的松紧程度，大家可以在上海银行间同业拆放利率网站查看每天的Shibor走势图（如图4-1所示），如果图中的折线是向上走动的，那么就可以认为目前市场上缺钱，银行更愿意出高利息，货币型基金的收益也会随之走高；如果图中的折线是向下的，那么说明目前市场上并不缺钱，货币型基金的收益则会相对下降。

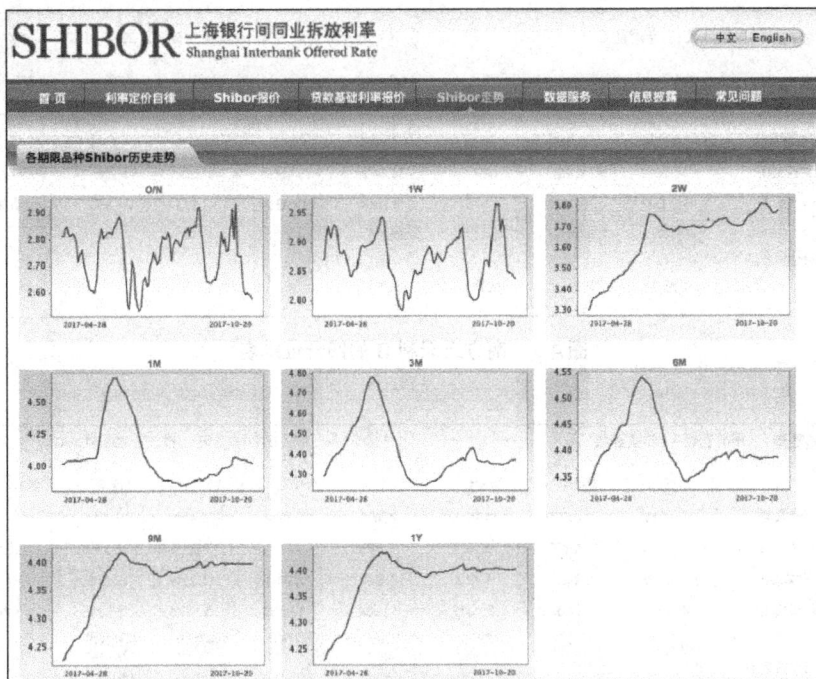

图 4-1　上海银行间同业拆放利率

神奇的 B 类货币型基金

长久以来，B 类货币型基金一直不是中小投资者可以接触到的货币型基金类型。但在近期，原本只针对机构和大客户的 B 类基金的购买门槛降低了很多。比如南方基金公司和易方达基金已经把旗下 B 类货币型基金的购买份额门槛降低，从 500 万元起购降至 100 元起购。

目前，南方基金公司的南方天天利 B（003474）（七天年化收益率是 4.436%，万份收益率是 1.1892）和易方达基金公司的现金增利货币 B（000621）（七天年化收益率是 4.483%，万份收益率是 1.192）均可在官网申购，起购价格是 100 元。而且两支基金都支持实时赎回，快速到账。

如图 4-2、图 4-3 所示，这两支基金的整体收益也可圈可点，对得起大家的期望。

阶段涨幅	季度涨幅	年度涨幅			下载手机版，随时查看阶段涨幅		截止至 2017-10-22	更多>
	近1周	近1月	近3月	近6月	今年来	近1年	近2年	近3年
阶段涨幅	0.11%	0.37%	1.14%	2.27%	3.58%	4.03%	--	--
同类平均	0.07%	0.33%	0.98%	1.94%	2.99%	3.51%	6.21%	10.29%
沪深300	0.15%	2.20%	4.78%	13.44%	18.63%	18.33%	9.76%	59.97%
同类排名	54 | 663	34 | 662	12 | 611	8 | 584	7 | 535	-- | 473	-- | 355	-- | 268
四分位排名								
	优秀	优秀	优秀	优秀	优秀	--	--	--

图 4-2　南方天天利 B 的四分位排名

阶段涨幅	季度涨幅	年度涨幅			下载手机版，随时查看阶段涨幅		截止至 2017-10-20	更多>
	近1周	近1月	近3月	近6月	今年来	近1年	近2年	近3年
阶段涨幅	0.08%	0.37%	1.16%	2.37%	3.77%	4.42%	7.77%	--
同类平均	0.07%	0.33%	0.98%	1.94%	2.99%	3.51%	6.21%	10.29%
沪深300	0.15%	2.20%	4.78%	13.44%	18.63%	18.33%	9.76%	59.97%
同类排名	41 | 663	11 | 662	2 | 611	1 | 584	1 | 535	3 | 473	2 | 355	-- | 268
四分位排名								
	优秀	优秀	优秀	优秀	优秀	优秀	优秀	

图 4-3　现金增利货币 B 的四分位排名

相对来说，B 类货币型基金的收益算不上很高，但是在有些平台的随取类产品收益降低到 5%~6% 时，购买货币型基金在降低资产风险上还是更胜一筹的。拿出 1 个百分点的收益来换取安全性更高的理财产品，这笔买卖很划算。毕竟有些理财产品的不确定性太大，为多出的一点收益而冒巨大的风险，不合适。

债券型基金

货币型基金是大家常用的"现金流管理工具"，虽然安全，但收益却不算很高，只能超越银行定期存款。那么是时候给大家介绍一个新的基金了，这类基金无论是在收益上还是在安全性上，都能超越货币型基金，那就是债券型基金。

什么是债券

大家对债券肯定不陌生，债券就如同"借条"一样。债券的发行人向投资者借钱，并在债券上记录下借多少钱，借多久，利息是多少。总的来看，债券可以大致分为以下三类。

第一类是政府债券。比如中央政府发行的债券叫作国债，因为有中央政府背书，信用非常好，因此国债也被称为"金边债券"，意为带着国家信用背书的"金光闪闪"的债券。当然，政府债券既可以是中央政府发行的也可以是地方政府发行的，我们把地方政府发行的债券叫作地方债，信用也是不错的。不过这两年国内地方债的规模在增大，所以风险也在随之增加。

第二类是金融机构债券。比如，银行向社会发行的债券统一被叫作金融债。金融机构的最大优势是比一般企业信用要高一些，毕竟我们听说过企业破产，但是在国内，目前来看还没有银行破产的先例。

第三类是企业债券，即企业自己发行的债券。企业债券在信用等级上，显然没有前两个高。

上面介绍了债券的分类，相应的，我们通过购买债券型基金，就能够间接投资债券。我们对债券型基金进行了以下分类。

（1）纯债基金：只投资债券，不投资股票，不打新股，也不投资可转债，完全不参与股票市场。

（2）一级债基：在纯债基金的基础上，可以适当参与新股申购。

（3）二级债基：最多可以拿出 20% 的资产参与投资股票。

（4）可转债基金：主要投资可转债。

可以看出，债券型基金从（1）到（4）的排序，收益可能越来越高，伴随的风险也越来越大。大家可以根据自己的风险偏好来决定购买哪种类型的债券型基金。

说了这么多，债券型基金的收益到底如何呢？

如图 4-4 所示，我把过去 10 年的债券型基金收益进行了汇总。

在过去近十年，债券型基金的年化收益率是 8.1%。

相对于当前很多网贷平台理财产品，8.1%的收益率很有竞争优势，而且债券型基金的安全性还是很高的，相比网贷来说跑路的可能性几乎为零。但是，债券型基金的收益也会剧烈波动，比如，最高的时候年化收益率能够达到20%以上，但收益率低的时候甚至能够达到负值。因此如果大家想购买债券型基金，要做好长期投资的准备。

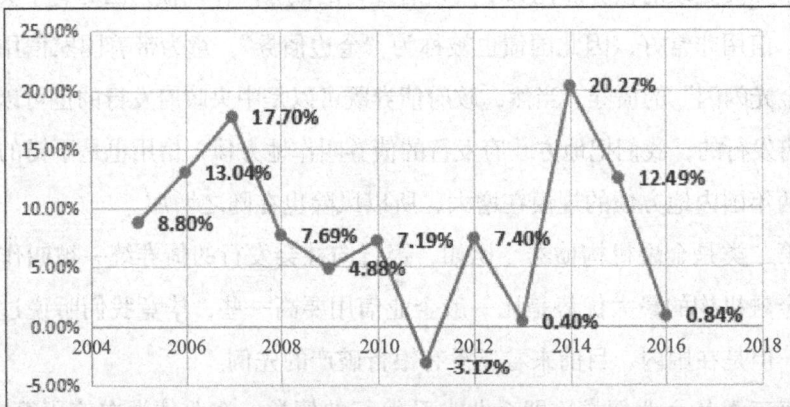

图4-4 债券型基金历年收益

如何选择债券型基金

说了这么多债券型基金的优势，那么投资者该如何选择适合自己的基金呢？有以下两个衡量标准。

1.是否是银行系发行的债券型基金

为什么要选银行系的债券型基金？难道不是应该直接看晨星评级，看基金的业绩吗？

事实上，之所以看一支债券型基金是否有银行背景，是因为债券都是在银行间市场交易的，那么银行系的基金公司就可以拿到成本更低的债券，对于用户来讲收益就可能会更高。

但是，这并不代表着银行系的债券型基金就一定最好，很多债券型基金也是凭借实力赢得大家肯定的。所以是否是银行系发行的不是判断债券型基金优劣的唯一条件。

2. 看评级

如图 4-5 所示，我们通过晨星网，选取了在过去三年和五年都是五星评级的某支债券型基金来分析一下。

➡晨星评级 ❶					2017-09-30
	三年评级		五年评级		十年评级
晨星评级方法论	★★★★★		★★★★★		☆☆☆☆☆
➡风险评估 ❶					2017-09-30
	三年	三年评价	五年	五年评价	十年	十年评价
平均回报（%）	0.00	-	0.00	-	-	-
标准差（%）	3.18	偏低	3.72	偏低	-	-
晨星风险系数	1.01	低	1.69	偏低	-	-
夏普比率	2.26	高	1.80	高	-	-

图 4-5　晨星网债券型基金评级

从图 4-5 中可以看出，这支债券型基金不但在过去三年和五年的评级很高，夏普比率也很好，三年的夏普比率高达 2.26，可以说是一支明星债券型基金。

那么它的长期业绩如何呢？我们再通过图 4-6 来看看基金的业绩和四分位排名。

阶段涨幅	季度涨幅　年度涨幅				📱下载手机版，随时查看阶段涨幅	截止至 2017-10-24	更多>
	近1周	近1月	近3月	近6月	今年来	近1年	近2年	近3年
阶段涨幅	0.16%	0.32%	1.03%	3.17%	3.67%	2.75%	9.96%	26.50%
同类平均	0.03%	0.27%	0.80%	2.32%	2.55%	0.79%	4.87%	23.78%
沪深300	1.18%	3.17%	5.77%	15.39%	19.62%	17.57%	10.87%	65.62%
同类排名	437 | 1333	440 | 1336	211 | 1294	201 | 1236	175 | 1070	119 | 890	41 | 602	147 | 531
四分位排名 ❶	良好	良好	优秀	优秀	优秀	优秀	优秀	良好

图 4-6　债券型基金收益排名及四分位排名

我们可以从四分位排名看出，这支基金的业绩也非常好。那么投资者是不是就可以对它"买买买"了呢？

显然，我们还需要进一步做功课。前面提到债券型基金也会有剧烈的波动，这在很大程度上是由债券型基金购买股票等涨跌明显的资产导致的。那么对于投资者来说，债券型基金的类型和主要投资资产也是需要重点关注的。

从图 4-7 中大家可以看到，这支债券型基金所投资的债券品种不但包含国债、金融债和企业债，而且还包含了可转债。大家可以根据自己的风险承受能力来选择债券型基金的类型。

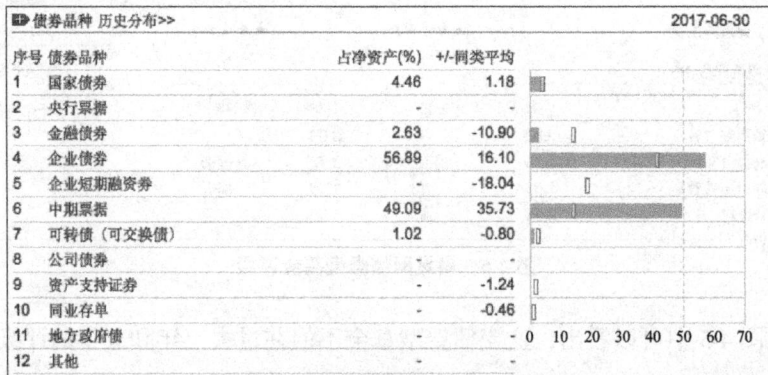

序号	债券品种	占净资产(%)	+/-同类平均	
1	国家债券	4.46	1.18	
2	央行票据	-	-	
3	金融债券	2.63	-10.90	
4	企业债券	56.89	16.10	
5	企业短期融资券	-	-18.04	
6	中期票据	49.09	35.73	
7	可转债（可交换债）	1.02	-0.80	
8	公司债券	-	-	
9	资产支持证券	-	-1.24	
10	同业存单	-	-0.46	
11	地方政府债	-	-	
12	其他	-	-	

图 4-7　债券型基金投资结构

债券型基金投资好时机

从趋势上来判断，大家在投资债券型基金可以从两个大方向进行把握。

1. 与货币政策反向

债券的价格总体上是和利率成反比的。如果货币政策宽松，央行降准降息，那说明当前市场缺少流动性，这时候债券将来能带来的现金流就具有吸引力了，债券价格就会上涨，债券型基金的收益就会上升。如果监管部门启动加息，由于债券将来产生的现金流不变，那么债券型基金的收益就有下降的趋势。

2. 与股市反向

股票市场和债券市场长期以来呈现出如同"跷跷板"一般的关系，此消彼长。在通常情况下，如果股票市场进入熊市，债券市场的收益就会比较可观。

从目前来看（2017 年），国内债券型基金经过 2014 年、2015 年的大牛市，目前进入了调整期。但是，债券型基金作为一种适合长期投资的稳健型产品，值得投资者长期持有。

指数型基金

巴菲特说过："大部分投资者，包括机构投资者和个人投资者，早晚会发现，最好的股票投资方法是购买管理费很低的指数型基金。"

我在这一节里要说的就是指数型基金。在给大家介绍指数型基金之前，我们先来了解一下，什么是指数。

什么是指数

对于指数大家应该不陌生，我们经常能在财经类新闻里听到这样的报道："截至今日收盘，上证综指上涨了 1.5%，达到了 3210.7 点。"上证综指已经成为财经媒体每天必须要念叨的指标。为何大家如此关注上证综指呢？

回顾历史我们会发现，在国内股市创立之初，上海就建立了上海证券交易所（简称上交所），一些我们耳熟能详的龙头企业，比如贵州茅台、工商银行、中国平安等都是在上交所挂牌上市的。之后，监管部门又在深圳成立了深圳证券交易所（简称深交所），挂牌交易的企业以中小企业为主。由于定位不同，在上交所上市的企业市值远远超越了深交所，久而久之大家就把上交所发布的上证综合指数作为股市大盘涨跌的一个重要指标。

既然上证综指是一个重要的风向标，那么直接用上证综指作为指数型基金的投资标的不就行了？

事实情况是，作为指数型基金的投资标的，上证综指还有很多不完善的地方。

（1）上证综指在制定的时候，主要依据股票的发行量大小来设计权重。

比如中石油这样大体量的公司在 A 股上市之后，一下占据了上证综指 20% 以上的权重，那么如果中石油的股票大幅下跌，必然会带动整个指数大跌。而事实上，很有可能只是中石油这一支股票出现波动，其他股票都是处于上涨状态的。因此，失真会成为上证综指无法回避的问题，往往会出现"只赚指数不赚钱"。

（2）上证综指反映的是股票交易所中所有股票的全貌，优质股票也好，垃圾股票也好，统统都算在里面，但是对于投资者来讲，显然是不愿意购买垃圾股票的。作为指标，也希望它是代表整个市场中比较优秀的企业的发展情况。

显然，深证成指和上证综指有相同的痛点，这里我就不再赘述了。

需要说明的是，指数不是一成不变的，而且喜欢"优等生"。指数作为市场趋势的代表指标，需要时刻反映市场变化。

一方面对于业绩较差、出现问题的股票，指数不会将其纳入，或者说已经纳入的问题股票也会被适时剔除。

另一方面，指数中的样本股票也需要定期检查审核，确保纳入指数的股票都符合相关要求。

主要指数型基金介绍

为了解决上面提到的指数构建过程中出现的问题，同时把上交所和深交所的股票波动情况客观地反映出来，一个让大家耳熟能详的指数就应运而生了——沪深 300 指数。

沪深 300 指数所选取的 300 支股票覆盖了上交所和深交所 6 成左右的市值，它能够比上证综指更全面、更真实地反映出 A 股市场的整体走势。可以说，沪深 300 指数反映了市场上大盘股的整体趋势（如图 4-8 所示）。

图 4-8 沪深 300 指数走势图

如果沪深 300 指数反映的是整个市场中大市值公司的指数，那么有没有衡量中小市值企业的指数呢？

有，如图 4-9 所示，衡量中小市值企业的指数是大家比较熟悉的中证 500 指数，它的选股标准很有意思。

首先，剔除掉沪深 300 指数的所有成分股，保证这个指数和沪深 300 指数没有关系。

之后，再把沪深 300 指数成分股之外的市值排名前 300 名的股票也剔除掉，基本保证所有大中盘股都被剔除了。

接着，在剩下的小盘股中，再按照日均成交金额由高到低排名，把排名在最后的、交易最不活跃的 20% 股票给剔除。

最后，把剩余的股票按照市值由高到低排列，选取排名在前 500 名的股票作为中证 500 指数的成分股。

估计很多读者已经看晕了，套路太复杂，所以大家只要记得中证 500 指数跟踪的是中小盘股就可以了。

图 4-9 中证 500 指数走势图

除了沪深主板以外，深交所里还有两个子板块，分别是中小企业板和创业板。中小企业板成立于 2004 年，上市门槛比沪深主板市场低一些，而创业板诞生于 2009 年，上市门槛就更低了。相应的，这些板块也有对应的指数型基金。

中小板指数（如图 4-10 所示）包含了在深交所中小企业板上市的 100 支股票。选取样本股票时先计算入围个股平均流通市值占市场比重和平均成交金额占市场比重，再将上述指标按 2 ∶ 1 的权重加权平均，计算结果从高到低排序后选取 100 支样本股票组成中小板指数。

创业板指数（如图 4-11 所示）包含在深交所创业板上市的 100 支股票。这些在创业板上市的公司都是规模较大、流动性较好的股票。具体编制方法和中小板指数比较类似。

从市盈率指标上看，上证综指和沪深 300 指数主要包含蓝筹股，所以市盈率是最低的，深证成指和中证 500 指数的市盈率要高一点，中小板指数的更高，创业板指数最高。

图 4-10　中小板指数

图 4-11　创业板指数

另外，还有许多行业指数、主题指数、风格指数、策略指数等，只有你
想不到的，没有专业人士编制不出来的指数。

什么是指数型基金

前面林林总总介绍了很多指数，现在终于可以给指数型基金下个定义
了：指数型基金就是以某种指数为标的，并以该指数的成分股为投资对象的
基金。

和其他基金相比，指数型基金的优势主要有以下几个方面。

1. 降低人为因素

指数型基金经理不用像股票型基金经理那样去苦思冥想到底要买入何种
股票，只需要按照构成指数的成分股"买买买"就可以了。

唯一要关心的事情就是减少指数型基金和相应指数的跟踪误差。

2. 管理费用少

因为指数型基金这种被动跟踪的特性，基金管理中的很多环节可以省掉，比如研究员研究、企业调研等。所以指数型基金在费率上就有一定的优势，远低于主动管理型基金，这个差异有时候可以达到 1%~3%。长期来看，指数型基金在相关费用上的节省额也是非常可观的。

从表 4-1 中我们可以看出，在不考虑申购和赎回费用的前提下，跟踪沪深 300 的易方达沪深 300ETF 联接基金的费率是 0.4%，另外两支基金的费率分别是 1.2% 和 1.75%。

表 4-1　不同类型基金的相关费率

名称	管理费率	托管费率	销售服务费率	申购费率	赎回费率
易方达沪深 300ETF 联接	0.2%	0.1%	0.1%	1.2%	0.5%
景顺长城沪深 300 增强	1%	0.2%	0	1.2%	0.5%
汇丰晋信大盘股 A	1.5%	0.25%	0	1.5%	0.5%

3. 实现我们的中国梦

除了上面所说的这些优势外，我觉得指数型基金还有另一个值得大家购买的原因：相信国家未来的发展前景。

买入指数型基金，其实是在认可市场整体长期趋势是继续向上增长的，或者说是对国家未来经济前景充满信心。国运昌盛才是未来一切发展的基础。因此与其说你是买指数型基金，不如说是在认可国家的未来。放眼全球，赌国运也许胜算会更大一些。

这也印证了本节开头巴菲特说过的那句话，大家买指数型基金还是最可靠的。

指数型基金如何选择

前面介绍了什么是指数型基金，想必大家都在好奇：如何筛选指数型基金呢？

1. 跟踪误差

对于指数型基金来讲，它不需要基金经理花心思和精力选股票，只要尽可能地复制指数的走势就可以了。所以一个指数型基金优秀不优秀，看的就是跟踪误差。跟踪误差越小，这个指数型基金复制指数的能力就越强。那么如何才能查看一个指数型基金的跟踪误差呢？

如图 4-12 所示，我们可以通过天天基金网等网站，来查看指数型基金的跟踪误差情况。

大家可以从图 4-12 中的黑框里看到，嘉实沪深 300ETF 联接基金跟踪的标的就是沪深 300 指数，跟踪误差是 0.04%。

那么指数型基金能不能完全复制指数的变化呢？考虑到场外基金还要留有一部分资金方便大家每天赎回，所以指数型基金一般能够无限趋近于指数，但是误差还是存在的，而且难以避免。所以大家也不要过于苛求。

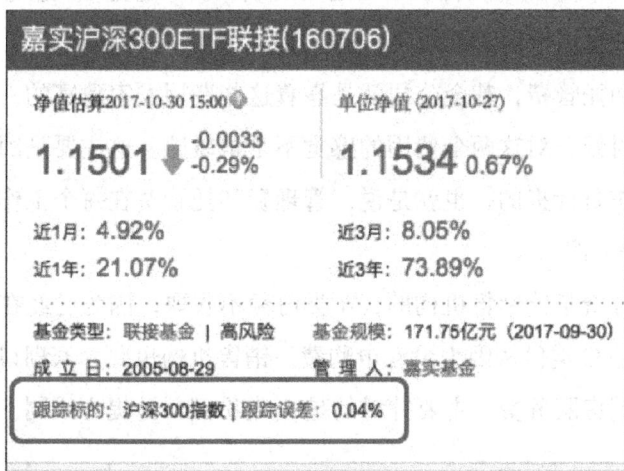

嘉实沪深300ETF联接(160706)

净值估算2017-10-30 15:00
1.1501 ↓ -0.0033 -0.29%

单位净值 (2017-10-27)
1.1534 0.67%

近1月: 4.92%　　　　近3月: 8.05%
近1年: 21.07%　　　近3年: 73.89%

基金类型: 联接基金 | 高风险　　基金规模: 171.75亿元 (2017-09-30)
成 立 日: 2005-08-29　　　　管 理 人: 嘉实基金
跟踪标的: 沪深300指数 | 跟踪误差: 0.04%

图 4-12　基金跟踪误差

2. 费率要低

总的来讲，指数型基金本身的费率就已经很低了，但是没人会嫌弃费率更低。

尤其是在指数型基金里面,大家经常看到指数型基金被分为A类和C类。那么哪一类的指数型基金费率更低呢?

如表 4-2 所示,我们以南方创业板 ETF 为例。

表 4-2　A 类和 C 类基金费率对比

	申购费率	赎回费率		管理费率	托管费率	销售服务费率
A 类	0.12%	小于 1 年为 0.5%		0.5%	0.1%	0
		大于等于 1 年,小于 2 年为 0.25%				
		大于等于 2 年为 0				
C 类	0	小于 30 天为 0.5%		0.5%	0.1%	0.4%
		大于等于 30 天为 0				

申购费和赎回费都是大家经常听到的。简单来讲,申购费是买基金的时候要交的费用,赎回费是卖基金的时候要交的费用。从表 4-2 中可以看出,C 类份额申购费率为 0,持有满 30 天之后的赎回费率也是 0。这比 A 类份额的申购费率便宜很多,确实是赢在了起跑线上。

管理费和托管费,基金公司就是靠着这些费用发家致富的,而且大家在平时投资的时候,对这两个费用的感觉不是很敏感。这主要是因为管理费和托管费都是按日计提的,也就是说,管理费和托管费在每个工作日公告基金净值时已经被扣除了。

销售服务费是给销售机构的,A 类份额不收取,因为已经在申购费里面体现了;但是 C 类份额因为没有申购费,销售机构也要养家糊口,所以就搞了这么一个销售服务费,主要针对的是 C 类份额,计提方式同上面的管理费和托管费。

说了这么多,到底应该选择哪种指数型基金呢?很显然,如果是长期持有,尤其是持有超过 2 年以上的,建议购买 A 类基金,这尤其适合那些喜欢定投指数型基金的投资者。

如果你是喜欢快进快出的人,没有申购费并且赎回费要求比较低的 C 类基金更适合你。

3. 成立时间和规模

这一条是最不能免俗的要求，但是也是最关键的要求。如果基金成立时间太短，基金经理没有经历过熊市的考验，很难说成绩是否稳定。经受过考验的同志才是好同志，因此大家不要被基金漂亮的短期收益所迷惑，一定要看看基金在熊市低谷的时候是否也能稳定发挥。

所以，靠谱的基金需要经受时间的考验，靠谱的基金也蔑视时间的考验。

其他要关注的，还有基金的规模，基金规模不能太小，太小的基金规模扛不住大规模赎回，尤其是在股市处于低点的时候，用户往往要求大规模赎回，小规模的基金显然招架不住。规模偏小的另一个尴尬点是可能会被清盘，虽然清盘不会导致亏损，但是前面辛苦积累的投资份额就归零了，显然更不划算。因此，建议大家尽量不要考虑 1 亿元以下规模的基金。当然，如果小规模基金中有你的最爱则另当别论。

指数型基金投资的 3 个关键问题

我们接下来讲讲指数型基金投资的 3 个问题。

宽基指数型基金 VS 窄基指数型基金

我之前讲过，指数型基金是最适合做定投的基金品种，但是并不是所有的指数型基金都适合。这里面就涉及宽基指数型基金和窄基指数型基金的概念。

那么什么是宽基指数呢？

按照美国证券期货交易所的定义："如果指数包括 10 支以上股票，单个成分股权重不超过 30%，权重最大的 5 支股票累计权重不超过指数的 60%，并且成分股日均交易额超过 5000 万美元，那么这个指数就可以被称为宽基指数。"

估计大家看完上面那段话，肯定是晕的。没关系，我写完也觉得晕。

把这段话翻译过来就是：宽基指数就是组成指数的股票类型多样，每个成分股的权重也不会占很大比例，能够基本反映整个市场的涨跌情况，具有非常强的市场代表性。

宽基指数最大的优势就是，它包括了各行各业，盈利远比单一成分股更加稳定。成分股越多，覆盖的行业也就越广，分配得就越均匀，宽基指数的盈利也就越稳健。

比如我们经常说的沪深300、上证50、恒生指数、中证500、纳斯达克等，都是比较典型的宽基指数。

相对的，窄基指数，或者说行业指数所对应的基金跟踪的就是某一个行业，仅仅反映这个行业的涨跌情况。比如有色金属指数、医药指数、能源指数等。

由于行业分类标准不完全相同，比如有证监会行业分类、申万行业分类等，而且各家编制指数的方法也不相同，因此即使跟踪同一个行业的基金，其业绩也会有区别。

如果某个行业出现大的波动，比如前些年奶粉行业的三聚氰胺事件，白酒行业的塑化剂事件，对行业的打击是普遍性的，行业指数型基金也不能独善其身。宽基指数型基金相对来讲包含的股票数量多，每支股票占比不高，受到的影响也就会较小。

很显然，从长期投资的角度来看，我鼓励大家投资的是宽基指数型基金，它能够反映出整个市场的平均收益，更加适合投资者们进行定投。

那么是不是把沪深300、上证50、中证100、中证500这些宽基指数型基金都买下来，就可以稳赚不赔，而且还能分散风险呢？

如表4-3所示，我们选取嘉实沪深300ETF联接基金、长盛中证100基金、华夏上证50ETF联接基金、南方中证500ETF联接为例，来看看这些宽基指数型基金前十大持仓股票都是哪些（截至2017年11月4日）。

表4-3　指数前十大持仓股票

沪深300	中证100	上证50	中证500
中国平安	中国平安	中国平安	深圳惠程
招商银行	招商银行	招商银行	赣锋锂业
贵州茅台	贵州茅台	贵州茅台	格林美

（续表）

沪深 300	中证 100	上证 50	中证 500
兴业银行	兴业银行	兴业银行	信维通信
万科 A	美的集团	民生银行	神雾环保
美的集团	民生银行	交通银行	亨通光电
格力电器	万科 A	伊利股份	方大炭素
民生银行	格力电器	农业银行	长园集团
伊利股份	交通银行	浦发银行	隆基股份
交通银行	伊利股份	中信证券	华友钴业

可以看出，除了中证 500 以外，沪深 300、中证 100、上证 50 的前十大持仓股票的重合度在 80% 以上，而且都是以银行、证券和龙头企业为主。

所以，这三支指数型基金的走势也非常近似。买其中一支基金和三支基金都买，在收益上的差别不会很大。

配置指数型基金的意义是用来获取市场的平均收益，并不是买得越多越好。而且，当你买的指数型基金表现为同涨同跌的时候，投资风险不但没有减少，反而是在不断积累。

那么，对于投资者来讲，宽基指数型基金和窄基指数型基金该如何选择呢？

考虑到窄基指数型基金会受系统性影响比较大，比如券商的周期性比较强，有可能几年都不景气，风险比较高，而宽基指数型基金覆盖面广，波动相对较小，因此如果大家只想投资指数型基金的话，可以以宽基指数型基金为主，适当配置部分比较看好的行业窄基指数型基金。例如：65%（沪深 300+ 中证 500）+35%（医药指数 + 中证消费指数）或者 65%（上证 50+ 创业板指数）+35%（证券指数 + 军工指数），构成一个以宽基指数型基金为核心，以窄基指数型基金为卫星的指数投资组合。当然，这个比例也不是一成不变的，需要大家根据自己的实际情况进行调整。

指数型基金 VS 主动型基金

对指数型基金的好处估计大家已经了解得很清楚了。那么，在 A 股市场主动型基金真的就不如指数型基金吗？

我们来看看 2017 年的情况，2017 年前三季度全国基金约七成获得正收益，跑赢大盘的基金产品约占比 2 成，共有超过 1300 支基金。

之前不是说指数型基金成本低、收益高、容易打理吗？怎么在 A 股市场还有上千支基金轻松打败指数型基金呢？难道巴菲特是在忽悠我们？

我们从中美两个市场来对比一下，就能够得出问题的答案。

在美国市场，绝大多数的主动型基金是战胜不了指数型基金的。因为在美国市场机构参与者多、散户少，两者的比例达到 7：3。美国的投资市场比较成熟，机构投资者在这样的市场做主动投资，他们的竞争对手多半也是机构投资者，胜负难料。所以乖乖地买指数型基金更合适。

但是在 A 股市场，参与者和美国市场恰恰相反，机构投资者和散户的比例是 3：7。也就是说，在国内机构投资者的对手往往是我们这些散户和"小白"，机构投资者有强大的研究团队，专业背景和研究能力多半是高过散户的，因此战胜散户的概率也就高很多。

既然两个市场差别这么大，那么指数型基金还能投资吗？

能，当然能，为什么不能？

我之前也说过，指数型基金获取的是市场的平均收益。我们从刚才的数据里也可以看到，虽然有两成的基金跑赢了大盘，但是仍然有八成的基金是没有跑赢大盘的。也就是说，你如果坚持投资指数型基金，是可以轻松战胜市场上 70% 的对手的。

是不是也很厉害了！

对于投资国内市场的投资者来讲，目前普通家庭的资产中，股权类资产的占比还是非常低的（估计大家都去投资房产了），增长的空间还非常大。一方面还会有更多的投资者加入股权投资的队伍，另一方面我们也会加快进入成熟市场的步伐。

韭菜都割完了，剩下的只能是机构互撕了。

说了这么多，那么当前我们该如何投资呢？

（1）坚定不移地爱着你的指数型基金。指数型基金是大家投资的主力，是核心，我们需要紧密围绕在指数型基金的周围，毕竟它可以让我们战胜70%的投资者，获取市场的平均收益。长期来看，只会赢不会输，唯一需要考虑的是赢多少的问题。

（2）选出你比较看好的、长期优秀的主动型基金。比如实力较强的机构、优秀的基金经理、经过牛熊考验的老基金。当然，这样的难度基本等同于选股票了。

<blockquote>指数型基金为主，主动型基金为辅，互相搭配，干活不累。

你，值得拥有。</blockquote>

指数型基金定投好还是一次投入好

既然我列举了指数型基金的各种好处，大家也很看好国家经济未来走势，那么就应该一次性买入指数型基金呗，何必按月定投呢？在评判哪种投资方式好之前，我们先来看看图 4-13 和图 4-14。

图 4-13　美国纳斯达克综合指数

图 4-14　上证综指

图 4-13 显示的是美国的纳斯达克综合指数的走势，可以看出，似乎在过去十年里的任意时刻一次性投入一笔资金购买纳斯达克指数，都可以稳赚不赔，整个指数基本上完全是向上的趋势。可以说，从现在往后看，历史上绝大多数时刻都是投资纳斯达克指数的最低点，太适合一次性买入了。

图 4-14 显示的是我们的上证综指的走势。它波动得很剧烈，似乎更适合小白投资者，因为不知道什么时候是高点，什么时候是低点，索性定投最好，能够获取平均收益也是不错的。

那么到底是一次性投入好呢，还是定投好呢？

其实，咨询这个问题的投资者，内心深处还有另一个疑惑，那就是该如何看待市场的未来走势？

（1）如果我有 20 万元资金可以投资，假如我一次性买入某指数型基金，那就说明我认为目前的价格已经很便宜了，指数已经处于低点，未来也难以出现大幅下跌了。此时不买入，更待何时？

（2）如果我愿意先持有现金，等更便宜的价格出现时再出手，这也反映了我对市场的预期，那就是认为市场未来还会下跌，将来的价格会更加便宜，持币观望一下也无妨。

（3）如果我把这 20 万元分成 50 份按月买入指数型基金，那么这就是代表"我并不知道未来的市场会上升还是下跌，只要不是全民炒股的氛围兴起，那么就可以分批次买入"。这样不会买在最低点，但也肯定不会买在最高点。

可以看出，在前两种状态下，我对未来的市场走势进行了主观判断，根据预判才做出了或买入或观望的决定。而第 3 种状态则没有参入我自己的主观判断。

如果我们主观判断对了，那么恭喜你，确实可以在市场上赚得盆满钵满。如果判断错了，割肉也是在所难免的。所以到时候也不要心疼，心里一定默念："是我自己选的，是我自己选的，是我自己选的。"

说到这里，大家估计也明白我的意思了。我们可以大概判断出目前指数的估值是便宜的还是昂贵的，但是要判断将来的走势，绝对是难上加难。

大家投资指数型基金，其实就是为了避免自己的主观判断出错，与其判断未来的涨跌，还不如踏踏实实获得市场的平均收益，更何况这个平均收益已经战胜了大部分人。

股票型基金

我已经介绍了货币型基金、债券型基金和指数型基金，现在终于轮到股票型基金了。在讲股票型基金之前，先问大家一个问题：基金投资能实现财务自由吗？

显然不能。

基金投资收益好的话，没准能在鸡蛋灌饼里多加个鸡蛋。

万一你想加块里脊，就需要花费一些精力，好好选选值得投资的股票型基金了，没准能实现加块里脊的小目标。

股票型基金的历史收益

在股票型基金的结构中，股票占比要达到 80%，因此有获得更高收益的可能，对于想取得超过市场平均收益的你来讲，股票型基金或许是一个比较好的选择。

如表 4-4 所示，我们来看看股票型基金近十年的业绩情况，顺便和大盘作一个对比。

表 4-4　股票型基金近十年的收益情况

年份	上证综指涨幅	股票型基金涨幅	表现情况
2007	96.66%	134.8%	跑赢大盘，正收益
2008	-65.39%	-57.49%	跑赢大盘，负收益
2009	79.98%	78.92%	落后大盘，正收益
2010	-14.31%	-9.77%	跑赢大盘，负收益
2011	-21.68%	-22.25%	落后大盘，负收益

（续表）

年份	上证综指涨幅	股票型基金涨幅	表现情况
2012	3.17%	6.81%	跑赢大盘，正收益
2013	-6.75%	2.6%	跑赢大盘，正收益
2014	52.87%	34.13%	落后大盘，正收益
2015	9.41%	19.49%	跑赢大盘，正收益
2016	-12.31%	-9.48%	跑赢大盘，负收益

目前的股票型基金有八九百支，从表4-4中可以看出，在过去的10年里，上证综指有5年上涨，5年下跌，而股票型基金有6年是实现了正收益的。另外，股票型基金有7年跑赢了大盘，跑赢大盘的概率为70%。其中2009年和2011年仅仅是小幅跑输大盘1个百分点。

回望过去，果然到处都是赚钱的好机会啊。

当然，这些基金在牛市里可以一飞冲天，上涨50%~200%都有可能，但是在熊市的时候，下跌30%~50%也是非常正常的事情。

股票型基金的筛选方法

加强版的"4433"法则

正所谓富贵险中求，高收益往往伴随着高风险。

但是就怕别人的基金一路噌噌地上涨，自己的基金却成了"瘟鸡"，一蹶不振。显然，选择好的股票型基金比直接"买买买"更重要。那么如何选择靠谱的基金呢？

下面我就介绍一个加强版的"4433"法则。

首先，我们来看看4433基金筛选法则到底是什么。

（1）过去1年在同类基金中排名前1/4的基金；

（2）过去2年、过去3年以及今年以来在同类基金中排名前1/4的基金；

（3）近6个月在同类基金中排名前1/3的基金；

（4）近3个月在同类基金中排名前1/3的基金。

这里除了要强调基金的排名，还要强调的是同类型的基金，只有在同类型的基金之间进行比较才有意义。

那么4433筛选方法到底效果如何呢，能否让大家找到心仪的基金呢？

这里，我们演示使用的是"好买基金网"的基金筛选工具。我们在页面顶部选择【理财工具】——【基金筛选】，如图4-15所示。

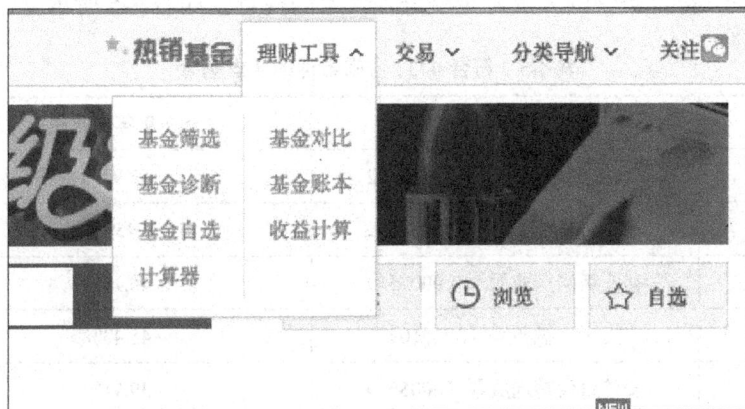

图4-15　进入基金筛选页面

之后我们就进入基金筛选页面，在选项卡里基金都是按照类别展开的，我们选择股票型基金选项卡，如图4-16所示。

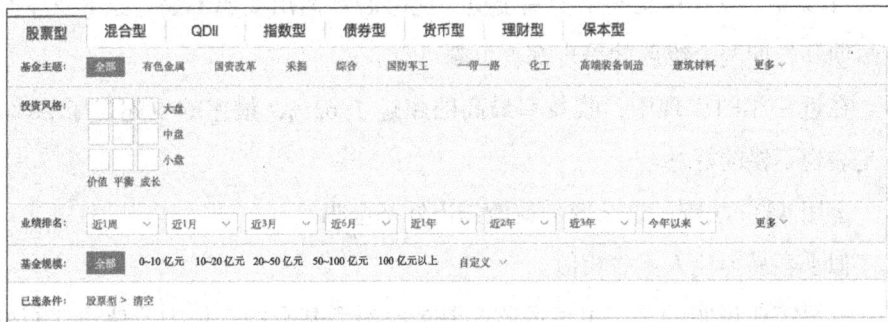

图4-16　选择股票型基金选项卡

接着，我们按照4433法则的要求，分别在【业绩排名】中的1年、2年、

3年业绩排名中选择 1/4；在 3 个月、6 个月业绩排名中选择 1/3，如图 4-17
所示。

| 已选条件： | 股票型 > | 业绩排名：近 3 月（前 1/3）× | 业绩排名：近 6 月（前 1/3）× | 业绩排名：近 1 年（前 1/4）× | 业绩排名：近 2 年（前 1/4）× |
| | | 业绩排名：近 3 年（前 1/4）× | | | |

图 4-17　选择业绩排名

很快，符合条件的 8 支基金就进入大家的视野，如表 4-5 所示。

表 4-5　符合 4433 法则条件的 8 支基金

序号	名称	2017 年年化收益率
1	易方达消费行业股票（110022）	63.92%
2	汇丰晋信消费红利（540009）	45%
3	嘉实新兴产业股票（000751）	46.19%
4	上投大盘蓝筹（376510）	45.43%
5	安信价值精选股票（000577）	39.11%
6	国泰金鑫（519606）	49.16%
7	嘉实研究阿尔法股票（000082）	26.21%
8	交银消费新驱动股票（519714）	29.68%

可以说，在几百支股票型基金里，能够脱颖而出实属不易。这 8 支基金
在短期和长期两个维度的表现都算可圈可点。

在近一年的表现中，收益率最高的超过了 63%，最差的也超过了 26%。
都是表现不错的好基金。

运用 4433 法则，这么容易就能选出好基金吗？

似乎容易得让人不敢相信。

这里需要说明的是，由于证监会要求股票型基金的仓位中股票占比至少
要 80%，很多股票型基金为了避免在熊市的时候股票仓位过高，逐步开始转
型为混合型基金，目前存在的股票型基金也远远少于混合型基金。

那么 4433 法则在混合型基金里的运用效果如何呢?

我们来实际测算一下。

目前的混合型型基金超过 2700 支,如图 4-18 所示,我们按照 4433 法则所要求的进行初选。

股票型	混合型	QDII	指数型	债券型	货币型	理财型	保本型

基金主题:	全部	有色金属	国资改革	采掘	综合	国防军工	一带一路	化工	高端装备制造	建筑材料

投资风格:

大盘

中盘

小盘

价值 平衡 成长

业绩排名:	近1周 ∨	近1月 ∨	近3月 ∨	近6月 ∨	近1年 ∨	近2年 ∨	近3年 ∨	今年以来 ∨
	2016年	2015年	2014年	2013年				

基金规模: 全部 0~10 亿元 10~20 亿元 20~50 亿元 50~100 亿元 100 亿元以上 自定义

已选条件: 混合型 > 业绩排名:近1年(前1/4)× 业绩排名:近2年(前1/4)× 业绩排名:近3年(前1/4)× 业绩排名:近3月(前1/3)×
业绩排名:近6月(前1/3)× 基金规模:2-10000亿×

图 4-18　筛选基金条件填写

很快,就有 90 多支基金进入大家的视线,都是最近这几年涨势不错的好基金。但是如果让大家把这 90 多支基金都买了也不现实,那么如何才能在这些基金里进一步优中选优呢? 为此,我还要再增加一些基金筛选条件。

进一步的基金筛选条件

基金规模

基金规模太小的话,容易被清盘,从另一个角度来看,大家对它的认可度也不高,所以低于 2 亿元规模的基金要筛选掉。我们在筛选条件里把基金规模范围确定为 2 亿元以上。

基金经理

基金经理是我们能否盈利的关键人物,很多基金的表现与基金经理的能力密切相关。尤其是主动型基金,可以说基金经理就是这支基金的灵魂。所以一支基金的基金经理至少要操盘 3 年以上,最好是 3~5 年,才能经历一个完整的牛熊市。新晋的基金经理不是能力不行，只是一个在市场上摸爬滚打很多年的基金经理更懂得市场、更敬畏市场。投资在很大程度上受经验影响颇深，所以我认为基金经理任职时间最短不能少于 3 年。

夏普比率

夏普比率是一个相对综合的指标，它既体现了基金的收益，又体现了基金的风险系数，夏普比率越高，说明在收益相同的条件下风险越低，或者说在风险相同条件下收益越高。总之，对于基金来讲，夏普比率是越高越好。在这次筛选中，我们要求夏普比率要大于 1。

最大回撤

最大回撤的意思是，在历史上任选一天买入基金之后，这支基金会遭受的最大亏损。因此最大回撤可以被看作一个衡量风险的指标。对于基金来讲，最大回撤越大，说明基金的波动性越强，也就意味着基金的风险越高。在这次筛选中，我们要求最大回撤要小于 50%。

按照上面提到的要求，我们把这 90 支基金再进行一轮筛选，不符合要求的基金，删！

最后剩下 18 支基金，如表 4-6 所示。

表 4-6　基金初步筛选结果

1	兴全有机增长混合（340008）
2	兴全轻资产混合 LOF（163412）
3	广发消费品精选混合（270041）
4	国泰中小盘成长混合 LOF（160211）
5	华泰柏瑞创新升级混合（000566）
6	易方达中小盘混合（110011）
7	农银策略价值混合（660004）
8	农银平衡双利（660003）
9	交银新成长混合（519736）
10	易方达平稳增长（110001）
11	中欧新蓝筹混合 A（166002）
12	大成竞争优势混合（090013）

（续表）

13	华安科技动力混合（040025）
14	农银区间收益混合（000259）
15	景顺长城能源基建混合（260112）
16	大成策略回报混合（090007）
17	工银金融地产混合（000251）
18	中欧价值发现混合 A（166005）

晨星网的评级结果

这 18 支基金算是优中选优，但是数量还是太多，不方便大家投资，能不能进一步缩小投资范围呢？

是时候把晨星网请出来了。

之前买过基金的读者应该对晨星网不陌生，作为知名评级机构，晨星网的准确性和客观性是有目共睹的。有兴趣的投资者可以亲自试试。我在后面的章节里会详细介绍晨星评级的使用。

那么，我们可以在晨星网上看看这些基金的评级结果是什么样子的。

如图 4-19 所示，我们以中欧价值发现混合 A 为例，看看晨星网对这支基金的评级。

晨星评级					2017-09-30
	三年评级		五年评级		十年评级
晨星评级方法论	★★★★★		★★★★★		☆☆☆☆☆

风险评估						2017-09-30
	三年	三年评价	五年	五年评价	十年	十年评价
平均回报（%）	-		-		-	
标准差（%）	24.18	低	22.37	低	-	
晨星风险系数	14.88	低	13.73	低	-	
夏普比率	0.95	高	0.94	高	-	

风险统计	2017-09-30

图 4-19　晨星网对中欧价值发现混合 A 基金的评级

很显然，过去三年和五年，晨星网对这支基金的评级都很高，全部给予

5 星评价。

对于其他的基金，如果大家感兴趣也可以自己查询一下它们的晨星评级。我把这些基金中三年评级是五星、五年评级是四星及以上的基金汇总在表 4-7 中，大家可以看一下。

表 4-7　基金筛选结果

序号	基金名称	晨星三年评级	晨星五年评级
1	兴全有机增长混合（340008）	五星	五星
2	兴全轻资产混合 LOF（163412）	五星	五星
3	国泰中小盘成长混合 LOF（160211）	五星	五星
4	易方达中小盘混合（110011）	五星	五星
5	交银新成长混合（519736）	五星	无
6	大成竞争优势混合（090013）	五星	无
7	景顺长城能源基建混合（260112）	五星	四星
8	大成策略回报混合（090007）	五星	五星
9	工银金融地产混合（000251）	五星	无
10	中欧价值发现混合 A（166005）	五星	五星

经过重重严格的筛选，正好有 10 支基金进入最后的名单。

剩下的就是按照投资纪律进行投资。

还要提醒一句，这些基金的成绩都是过去的，并不一定代表未来的收益。而且在我介绍的方法里，没有区分行业、大盘、小盘。所以，如果大家感兴趣还可以用我介绍的方法在自己看好的行业里进行再次筛选。

总结一下，这次介绍的基金筛选方法，可以说是 4433 法则的增强版。

（1）用 4433 法则初步筛选；

（2）剔除规模小于 2 亿元、基金经理任职小于 3 年的；

（3）要求夏普比率 >1，最大回撤 <50%；

（4）要求晨星评级 4 星以上。

选你喜欢的，并且坚持下来，你就能赢。

股票型基金阶段法建仓

阶段法建仓常常被用在股票建仓方面，但股票建仓与股票型基金投资的方法和理念是相同的，大家也可以用这种方法来践行股票型基金投资。

如果你经过千挑万选，看中一支不错的基金准备申购，那么可以按照阶段法分步申购，即将资金分成大小不同的几份，并把这些资金按照从大到小的顺序分别投入基金当中。

例如，我看中了基金 A，手里有 1 万元投资资金，那么在申购的时候我可以先用二分之一的资金，即 5000 元进行第一次申购，过一段时间之后，如果行情发展与预期不符，则不再追加资金，并选择时机将之前的投资赎回；如果行情发展和自己之前的判断一致，那么可以继续用剩余资金的二分之一，也就是总资金的四分之一（即 2500 元）买入。按照这样的方法，我们可以在行情发展的过程中不断买入基金，最终完成建仓。

这里需要提醒大家的是，用阶段法建仓需要明确两点：第一，投资者要有足够的判断力，尤其是要能判断出哪支基金在未来会大幅上涨，此时进行定期定额投资显然不如快速建仓效果好，毕竟此时最重要的是时间，如何快速拿到还未上涨的筹码才是关键；第二，阶段法建仓避免了一次性买入的风险，一次性买入之后，如果基金大跌，大家可能就没有子弹进行补仓。通过阶段法可以分批、分阶段买入，一旦出现大波动就可以及时赎回。

QDII 基金

如果我们买的基金可以一直涨就好了，想想这样的画面，是不是就觉得很美？

就像图 4-20 所示的一样。

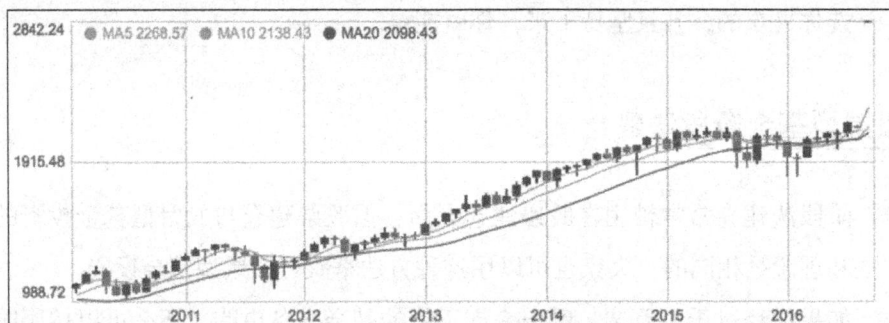

图 4-20　标准普尔指数走势图

　　估计大家看到这样的走势，都会眼红，要是能有一支这样的基金，我们根本不用考虑择时的问题，可以直接闭着眼睛买！

　　今天我就要给大家讲一种类型的基金，它虽然不能保证如此稳定向上的趋势，但至少是在资产配置中分散国内市场风险时值得尝试的一种工具。

什么是 QDII 基金

　　之前经常看我公号文章的人估计对图 4-20 不陌生，这就是标准普尔指数在 2011—2016 年的走势图。如果你在投资 A 股市场的同时，也投资了美国标准普尔指数相关基金，那么恭喜你，一定赚翻了。

　　那么，投资标准普尔指数的基金是什么基金呢？它和我之前介绍的基金有什么区别？

　　QDII 的中文全称是合格境内机构投资者，就是说允许境内机构投资境外资本市场的股票、债券等有价证券的一项制度安排。

　　通俗来讲就是说：境内投资者想直接投资海外资产会有很多限制，那该如何解决大家想在全球"买买买"的问题呢？

　　这时候一些得到监管部门审核的投资机构就及时出现在了大家的眼前，这些机构设立能够投资海外的基金，大家直接购买这些基金的份额就可以间接投资海外的资产，比如股票、债券、基金、石油、黄金、房地产等。

想想看，足不出户就能够配置全球资产，甭管是黄金、石油还是房地产，统统能买上几百块钱的，是不是也很给力。

理论上讲，QDII 基金是可以配置全球资产的。但是大家都知道，哪怕特朗普再不靠谱，在可以预见的将来，美国依然是全球配置的第一选择。一些号称全球精选的 QDII 基金也是重仓美国市场。

除了美国，我国的香港地区也是 QDII 基金比较钟爱的投资市场，这一方面是由于港股市场比较规范，另一方面是由于内地也有很多知名企业在香港上市，比如腾讯。基金经理对其他国家的公司可能不熟悉，但对我们自己的地盘岂能不知根知底？

其他境外市场相对美国市场来讲，大众的认知程度大幅下降，如果非要在矮个子里拔将军的话，德国、日本也是相对靠谱的选择。

另外，如果按照实物区分的话，QDII 基金还可以投资黄金、石油、大宗商品等。

QDII 基金优势

说了这么多，QDII 基金对大家来讲有什么具体的好处吗？

还真有一些。

1. 基金收益

这个肯定是大家最关心的，我们来看看这几年 QDII 基金的收益如何。

在我们可以购买的 117 支 QDII 基金中，2017 年保持正收益的有 100 支，收益超过 10% 的基金有 56 支，占比达到 50%。总的来说，还是不错的。

但是需要指出的是，这两年美股走势一直很惊艳，屡创新高，气势如虹。这也在某种程度上带动了 QDII 基金的漂亮业绩。从长期来看，QDII 基金的年化收益率主要集中在 0~10%。

国内 QDII 基金占比较多的基金主要集中在易方达基金公司、上投摩根基金公司和华夏基金公司，大家如果想买相关 QDII 基金，可以重点关注一下这几家公司。

2. 外汇额度

QDII 基金不占用大家的个人外汇额度，这一点还是比较不错的。但是 QDII 基金本身是有额度限制的。这也就是为什么 200 多支 QDII 基金，只有 100 多支基金能开放购买。因此，大家在选取 QDII 基金的时候，需要首先看看基金是否能够正常申购。

3. 赚取汇率波动差

美国今年的加息动作频频，还有缩表在路上，可以预期，将来美元还是大概率会升值。

我们投资海外市场的资产，其实是考虑了两个方面的因素，即汇率波动和投资品本身的价格波动。

海外投资收益 = 汇率波动收益 + 投资品价格波动收益。

也就是说，QDII 基金和国内其他基金最大的不同就是，需要考虑汇率的波动，尤其是在美元进入升值通道的时候，购买美元资产本身，就是在抵抗通胀。所以通过 QDII 基金来把手里的资金换成美元去投资境外，本身就可以享受到美元升值带来的额外收益。

当然，这需要大家能够对汇率趋势有比较好的判断。

4. 分散投资

我们大部分投资其实主要集中在国内。但显然，把部分资产分散到成熟市场能够更加有效地分散投资风险，确保大家的投资是东方不亮西方亮，牢牢把握住全球市场收益的脉搏。

QDII 基金的投资种类

既然 QDII 基金的好处那么多，如果投资的话该如何下手呢？

1. 美国权益类

美国作为一个成熟的资本市场，权益类投资最合适。如果大家想投资的话，美国的指数型基金肯定是首选，所以主动型 QDII 基金就不要考虑啦。想想巴菲特当年和基金经理打的赌。在美国市场的基金经理都很难跑赢指数，我们就不要指望国内的基金经理能够创造奇迹了。QDII 类指数型基金，绝对值得大家投资。不过需要注意的是，目前美国的主要指数屡创新高，大家要注意投资风险。

2. REITs

REITs 的中文全称是房地产信托投资基金，在海外已经成为房地产证券化的重要手段。房地产证券化就是把流动性较低的、非证券形态的房地产投资，直接转化为资本市场上的证券资产的金融交易过程。简单来讲，就是基金募集资金之后，去买海外的物业，比如商业地产、公寓等，然后把这些物业租出去，将租金和房地产升值作为主要投资收益来源。物业的租金一般比较稳定，所以可以看作是一笔稳定的收入来源。

3. 黄金类

老话说，盛世古玩，乱世黄金。从资产配置的角度说，黄金是可以配置一些的。尤其是在全球各种"黑天鹅""灰犀牛"事件频发时，黄金避险和抗通胀的特性绝对可以说是一流的。但是要想靠黄金获得高收益的话，估计很难，有统计以来，黄金的年化收益率没有超越过 5%，所以配置一些就好，不宜过多。

ETF 基金

一级市场和二级市场

在讲 ETF 基金之前，我先跟大家介绍一下什么是一级市场和二级市场。

大家经常听到财经新闻里提到一级市场和二级市场，那么什么是一级市场和二级市场？两者又有什么区别呢？

先来说说什么是一级市场。

在企业股份证券化之前，对企业新发行的股份进行交易的市场就是一级市场。

企业上市之前，基本上是属于私有的。如果企业想出售自己的股份进行融资的话，就需要进行私募交易，通过机构或者自己找少量投资者，和这些人进行协商出售股份。企业在没有证券化之前，也就是说在上市之前进行的股权交易都属于一级市场。天使投资者就是一级市场里的主要投资方之一。

比如，我开了一个麻辣烫餐馆，经营得还不错，想着多开几家分店。但是自己资金不够，那么要怎么办呢？

此时，正好有一位经常光顾我麻辣烫餐馆的老顾客是券商，专门做投资的，听说我想扩大店面很是兴奋。于是一番考察研究之后，也给我的麻辣烫馆子估值 2000 万元，如果我出让 20% 的股份，就可以拿到足够的资金进一步扩大经营，开分店了。

由于我诚信经营，在圈内还小有名气。一听说要融资，很多机构和大户都愿意出资认购。这里面，我拿出 20% 的股份来换取 400 万元资金的过程就是一级市场上的融资活动。

通过一级市场，发行人筹措到了公司所需的资金，而投资者则购买了公司的股票成为了公司的股东，实现了储蓄转化为资本的过程。

所以一级市场也被称为"发行市场"。

接着再来说说什么是二级市场。

如果企业准备上市，把手里的股份变成股票进行发行流通，那么对这些股票进行交易的市场就是二级市场。二级市场是有价证券进行买卖交易的场所。

还是我开麻辣烫馆子的例子。我也算是勤奋，新开的几家连锁麻辣烫馆子经营都还不错，也符合上市要求。没两年就成功上市，那么我麻辣烫公司的股票就可以在市场上交易流通，这个场所就是二级市场。

二级市场的功能在于为有价证券提供流动性，使证券持有者随时可以卖掉手中的有价证券，得以变现。

所以二级市场又被称为"流通市场"。

一级市场也好，二级市场也罢，从本质上讲都是发股、都是融资。

如果说两者之间有什么区别的话，那就是以下几点。

（1）一级市场是二级市场的基础，一级市场的规模决定二级市场的规模，影响着二级市场的交易价格。没有一级市场，二级市场就成为无源之水。

（2）二级市场（流通市场）是一级市场（发行市场）得以存在和发展的条件，如果没有二级市场的存在，一级市场成交的股票就会锁死在股东手里，股东没办法通过转售获利，就不会有人愿意去一级市场认购股票成为股东，一级市场会成为一潭死水。

所以两个市场关系密切，既相互依存又相互制约。

当然，还有一个更简单的类比。一级市场就是"天猫"，而二级市场就是"闲鱼"。我们在"天猫"买入，之后可以在"闲鱼"上进行交易。

嗯，爱"剁手"的朋友应该瞬间领会了吧？

什么是 ETF 基金

说完了什么是一级市场和二级市场，我们再来看看什么是 ETF 基金。

ETF 其实是一个缩写：E—Exchange，T—Traded，F—Funds。

翻译成中文全称是：交易所交易型基金 / 交易所交易型开放式指数型基金。

那么 ETF 基金和我之前介绍的基金相比有什么特殊之处吗？

实际上，ETF 基金是一种"被动式管理型"指数型基金，既然是指数型基金，ETF 基金的特征就是跟踪指数。

但是作为"交易所交易型基金"，ETF 基金的特殊性就在于，大家既可以在一级市场申购，也可以在二级市场买卖。两者的区别在哪里呢？

比如我准备申购 50ETF，那么在一级市场申购的时候不是使用现金，而是要用一篮子股票来申购 50ETF，申购的份额至少要 100 万份。在赎回基金份额时，我拿回来的也不是现金，而是一篮子股票，赎回的时候至少也要 100 万份。目前，ETF 的申购、赎回只能在指定的代理券商柜台进行。

这么高的份额，申购赎回还不能用现金，ETF 是不是离我们太远了？

还好，如果大家达不到一级市场的申购条件，还可以通过二级市场参与ETF的投资。就如同买卖封闭式基金一样进行申购和赎回，手续费较低，最小投资份额只需要 100 份就可以。二级市场上按照市场价格买卖 ETF 份额，可以说 ETF 基金是结合了场内、场外基金的优势，各取所长。

ETF 基金的优势

说完了 ETF 基金的基本情况，那么吸引大家购买 ETF 基金的理由是什么呢?

（1）流动性好。普通开放式基金每天只公布一次净值。ETF 基金每 15 秒就刷新一次报价。它可以像股票一样快速交易，与在银行、第三方平台申购/赎回基金相比，时效性更强，方便投资者随时交易。

（2）有效复制指数走势。ETF 基金可以较好地复制指数的走势情况，一方面 ETF 基金不需要像开放式基金那样预留一部分现金方便用户赎回；另一方面由于套利的存在，ETF 的价格和净值拟合得很好。所以，如果你喜欢指数型基金，想要完全复制指数走势，可以开一个股票账户，进行 ETF 基金买卖。

（3）成本低。ETF 基金由于是在交易所进行交易，所以佣金和买卖股票是一样的，都是万分之几，而且免收印花税。由于 ETF 基金是复制指数的走势，所以不需要基金经理花费人力物力去研究上市公司，所以这部分成本就省去了。

（4）分散投资。目前港股和美股方面有很多 ETF 基金，大家可以通过ETF 基金实现全球投资，分散风险。简直媲美 QDII 基金。

ETF 基金投资策略

那么 ETF 的投资策略有哪些呢?

虽然是老生常谈，但是我还是要给大家两个小建议。

1. 定投

定投、定投、定投，重要的事情说三遍。估计经常看我文章的读者已经看烦了。不过还是要提醒大家，定投可以很好地平滑风险，价格走高时，买进的份额变少；价格走低时，买进的份额自然增多，长期不断累积，可以有效摊低投资成本与市场风险，轻松面对市场波动。

2. 做好策略研究

国内市场有着典型的板块轮动特性。比如过去几年一直是小盘股在涨，2017 年则是蓝筹大盘股的天下。所以与其去研究每支股票，不如抓住大趋势，顺势而为。

就国内而言，ETF 基金已经有上百支，在分类上还可以进一步细化，如表 4-8 所示。

表 4-8　ETF 分类

规模指数 ETF	50ETF	创业板	中小板
行业指数 ETF	消费 ETF	医药 ETF	金融 ETF
全球指数 ETF	恒生 ETF	纳斯达克综合指数 ETF	标普 500
风格 ETF	成长 ETF	价值 ETF	—

ETF 基金的交易同股票交易类似，如果大家已经有了股票账户，那么不需要开立新账户就可以交易 ETF 基金。ETF 同股票一样，100 支基金单位为一手，涨跌幅度限制也是 10%。每支 ETF 均跟踪某一个特定指数，所跟踪的指数即为该 ETF 基金的"标的指数"。

ETF 联接基金

前面说到 ETF 要在二级市场买卖，需要大家有股票账户才能开展相关操作。但是，如果没有股票账户，也懒得去证券公司开户，是不是就不能买 ETF 基金了？

得了懒癌，还是有办法治疗的。经常买基金的小伙伴会在基金销售网站上看到"ETF 联接基金"。

那么这个"ETF 联接基金"和 ETF 是什么关系，两者有什么区别呢？

"ETF 联接基金"是基金公司开发的一种特殊品种。"ETF 联接基金"是场外基金，它通过投资对应的场内指数型基金来实现复制指数的目的，也是指数型基金的一种。同时，"ETF 联接基金"作为场外基金可以设定自动定投的功能，而 ETF 作为场内基金目前还不能自动定投。

至于大家是想通过股票账户购买场内 ETF，还是在场外购买 ETF 联接基金，就看自己的喜好了。

量化基金

什么是量化基金

我们先来看看百度百科是怎么解释量化基金的。

量化基金，简单来说，就是利用数学、统计学、信息技术的量化投资方法来管理投资组合。区别于普通基金，量化基金主要采用量化投资策略进行投资组合管理，总的来说，量化基金采用的策略包括量化选股、量化择时、股指期货套利、资产配置等。

读完上面这段话，有没有一种科技和金融完美结合的感觉，虽然看不懂但是依然感到很厉害。

简单解释一下。

传统的基金，都是基金经理找到几支好股票，使劲儿薅这几支股票的羊毛。比如 2017 年重仓贵州茅台的基金，可以说赚得让人眼红；重仓乐视网的基金只能让大家"关灯吃面"了。

量化基金呢，则是通过量化算法在很多支符合算法要求的股票上各薅一点羊毛，积少成多。

所以，量化基金的优势不是对单一上市公司进行深度研究，而是对市场上的股票进行大样本、大数据的全面深入挖掘。

这种方法单靠基金经理是不行的，只能让计算机没日没夜地计算了。

一般来说，量化基金没有"十大重仓股"的概念，比如某些量化基金持仓 300 多支股票，每支股票占比都小于 2%，非常分散，也就保证了基金可以覆盖多个行业的多支股票，分散投资、分散风险，可以尽可能圈住各个热点板块的轮动。

量化基金的优势

总的来讲，量化基金有 3 个优势。

（1）投资分散。宁可每只股票上少薅一点羊毛，只要量大，最后也能积少成多，整体博取高收益。

（2）理性、理性、再理性。量化基金有自己的选股模型，避免了基金经理的个人偏好和个人情绪，符合量化模型的股票才能入选，不符合的，基金经理也没办法。遵守纪律，是基金投资的不二法门。

（3）适合定投。量化基金是定投的一种良好标的，因为量化基金既有同指数型基金一样的客观性（基金经理的选股和离职对基金本身影响不大），又有跑赢指数的潜力。

如何选择量化基金

那么，如何选呢？

最简单的就是从基金的名字入手，比如名字中含有"量化""阿尔法"等词的基金，十有八九就是量化基金。在此基础上，我再给大家提供一些筛选优质量化基金的技巧。

（1）看基金经理。这次选基金经理的原则和之前有很大的区别。以前我们更侧重基金经理的任职时间，对于量化基金来说，专业型的基金经理更重要。正所谓"专业的人做专业的事"，要想做好量化基金，显然基金经理必须要科班出身，比如必须要是理工科专业出身，这还不够，最好是要数学、统计学或者金融工程出身的才行。没有足够的功底，你也不会相信他是真的会量化选股。

（2）看基金持股占比。量化模型对于各家基金公司都是核心机密，我们一般看不到，看到了估计也看不懂。没关系，我们可以从侧面验证一下：量化基金不会集中持股，往往会买一些机构持股极少的冷门股，这也是量化选股的特点，不带任何感情，符合量化模型的就下手。

（3）看业绩。这个是最核心的指标，基金业绩不行，其他的都没有用，所以业绩才是王道。大家可以按照前面介绍的"4433增强版"方法来筛选出合适的量化基金。

当然，量化基金也有缺点。

首先，量化基金的应变能力不强。如果市场行情突变，量化基金需要一段时间进行算法的优化和调整。

其次，没有办法追求超高的收益，量化基金往往关注的是长期业绩。

比如，过去关注中小盘的长信量化先锋混合A，在2017年蓝筹大盘股的趋势中，就没有占到什么便宜。我在表4-9中列举了几个之前比较知名的、关注中小盘的量化基金，大家看一下。

表4-9　关注中小盘的量化基金

年份	名称	年化收益率
2017	长信量化先锋混合A	-13.73%
	大摩多因子策略混合	-18.43%
	申万菱信量化小盘股票	3.6%
	泰达宏利逆向策略混合	-4.34%

既然关注中小盘的量化基金在2017年里表现得这么差，为何我还要推荐量化基金呢？毕竟收益才是一个基金的存在基础啊。

显然，有关注中小盘股的量化基金，相应的也会有关注大盘股的量化基金。我们再来看看布局大盘股的量化基金（如表 4-10 所示）在 2017 年里表现如何。

表 4-10　布局大盘的量化基金

年份	名称	年化收益率
2017	上投摩根阿尔法混合	21.22%
	景顺长城量化新动力股票	35.55%
	华泰柏瑞量化优选混合	24.37%
	华泰柏瑞量化增强混合 A	8.86%

各个的收益都很亮眼，是不是让你对量化基金又有了一丝信心？

当然，需要提醒大家的是，在 2017 年这样一个分化非常明显的市场里，别说普通投资者了，即使是专业人士也很难踏准所有节奏，在市场中进退自如。所以，大家可以大大方方地承认踏不准大小盘轮动节奏，那么均衡配置大小盘就是一个比较折中的好方法。

至于如何区分侧重大盘的量化基金和侧重中小盘的量化基金，除了前面提到的方法之外，大家还可以看看入选的量化基金的业绩比较基准是什么。

比如，侧重大盘的量化基金，基本上都是以沪深 300 为主要的业绩比较基准。侧重中小盘的量化基金则大部分以中证 500 指数为主要的业绩比较基准。

对了，量化基金虽然好，但不要贪多。尤其是不要重仓同类型的量化基金，比如长信量化先锋混合 A、申万菱信量化小盘股票、泰达宏利逆向策略混合都侧重中小盘股。选一个就好，如果三个都选，不但没有分散风险，如果跌起来，只能是牢底坐穿了。

大数据基金

在这一节，我和大家聊一聊大数据基金。

对于新概念，市场总是对它情有独钟，尤其是和技术创新相结合的新概念。

大数据基金其实并不难理解：互联网公司依托自己的数据优势，以挖掘其中有用信息为主要选股标准和手段，再结合基金公司的研究经验，筛选出心仪的股票组成基金。

这么有技术含量的筛选策略，总是让人产生无限遐想——财务自由是不是指日可待了？

目前，我们耳熟能详的互联网企业，都和基金公司有过合作，如腾讯、阿里巴巴、百度、京东、360、新浪。

差不多互联网龙头企业都参与其中了吧。

嗯，想不火都难。

我们先来看看这几家互联网企业，都参与了哪些基金。

大数据基金介绍

中证腾讯济安价值 100A 股指数

这是由腾讯财经倡导、济安金信设计、中证指数公司发布的，国内第一家由互联网媒体主导发布的证券市场指数，旨在发掘市场中的价值低估个股组合，形成"黑马"指数。

目前跟踪的基金有银河定投宝腾讯济安指数（519677）。

中证百度百发策略 100 指数

这是由中证指数有限公司、百度、广发基金管理有限公司跨界合作推出的，据称是国内首支互联网大数据金融市场指数和首支可直接反映市场情绪的指数。指数对样本空间的股票，按其综合财务因子、综合动量因子和搜索因子计算的综合评分降序排列，选取排名前 100 名的股票作为指数成分股。

目前跟踪的基金有广发百发 100 指数 A（000826）。

南方新浪大数据 100/300 指数

这是在南方基金量化投资研究平台的基础上，通过新浪财经大数据定性和定量分析，找出股票热度预期、成长预期、估值提升预期与股价表现的同步关系，精选出具有超额收益预期的 100/300 支股票，并构建编制而成的指数。

目前跟踪的基金有南方大数据 100A（001113）、南方大数据 300 A（001420）和南方大数据 300C（001426）。

中证淘金大数据 100 指数

该指数由博时基金、蚂蚁金服、恒生聚源合作编制，中证指数公司发布。该指数以电商商品类目相关中证三级行业的所有股票为样本空间，从中根据综合财务因子、市场驱动因子、聚源电商大数据因子选取综合评分最高的 100 名作为样本股，并采用等权重计算。

目前跟踪的基金有博时中证淘金大数据 100（001242）。

中证 360 互联网 + 大数据 100 指数

该指数由大成基金、奇虎 360 和中证指数公司联合推出，是国内第一个互联网金融行业大数据指数。该指数利用 360 旗下的搜索引擎根据用户的搜索请求及查询关键字，筛选出每天与每支股票相关的查询次数，通过对查询次数的分析反映用户对股票的情绪，从中选出 100 支股票作为样本股。

目前跟踪的基金有大成 360 互联网 + 大数据（002236）。

东方红京东大数据混合基金

京东的这个基金没有单独研发指数，它的业绩比较基准是：

中证 800 指数收益率 ×70% + 中国债券总指数收益率 ×30%

在投资策略上，管理人先根据宏观分析和市场判断确定大类资产的配置，然后充分利用公司大数据研究平台的优势，通过对京东大数据（包括京东电商的销量、浏览量、点击量、客户评价、客户收藏量等基础数据）的分析研究，挖掘出不同行业的敏感因子，结合管理人线下的研究进行行业配置和个券选择，构建合理的投资组合。

介绍完这几个指数和对应的大数据指数型基金，我们整体来看看这些指数型基金的基本情况（如表 4-11 所示）。

表 4-11　大数据基金基本汇总表

序号	名称	成立时间	类型	规模
1	银河定投宝腾讯济安指数	2014 年 3 月	指数型	3.52 亿元
2	广发百发 100 指数 A	2014 年 10 月	指数型	3.43 亿元
3	南方大数据 100A	2015 年 4 月	指数型	63.03 亿元
4	南方大数据 300A	2015 年 6 月	指数型	6.93 亿元
5	博时中证淘金大数据 100A	2015 年 5 月	指数型	13.69 亿元
6	大成 360 互联网＋大数据	2016 年 2 月	指数型	0.93 亿元
7	东方红京东大数据混合	2015 年 7 月	混合型	22.18 亿元

这些大数据基金成立的时间都不长，大多数在 2~3 年，基金规模中规中矩，没有超大规模的基金。那么这些互联网公司的大数据基金，业绩表现如何呢？

基金收益比较

看完这几个指数的介绍，大家感受如何？

是不是觉得很高大上、很厉害？如果不买入，简直就像是要错过好几百万元的收益一样。

别着急，冷静下来。

文字的魅力就在这里，让你浮想联翩，但是我们要做冷静派，拿收益说话。

这 7 支基金跟踪的比较基准都不太一样，京东的还是个混合型基金。为了相对公平起见，比较收益的时候，我们把东方红京东大数据混合基金排除，将剩下的基金收益做一下对比，大家先看一下图 4-21。

从收益上看，南方大数据 100A 和博时中证淘金大数据 100A 差点劲，大成 360 互联网＋大数据基金的规模不到 1 亿元，收益也没有亮点。

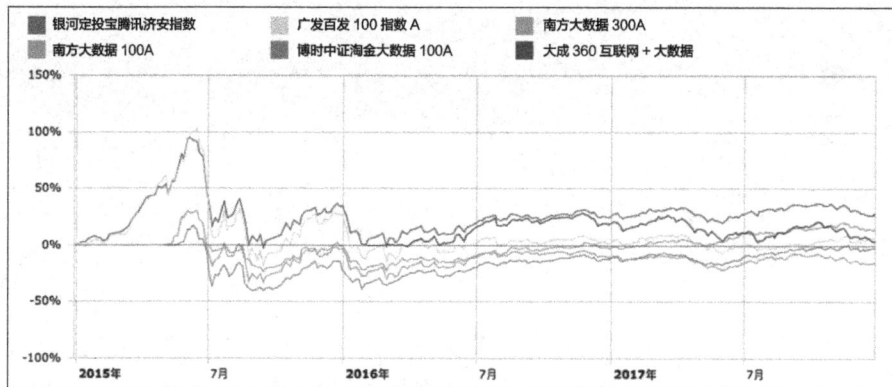

图 4-21　大数据基金收益图

如果大家想投资大数据基金，可以首先把这 3 支基金排除了。

那么，剩下的基金是不是可以随便选一个或者几个就"买买买"了呢？

说到这里，不得不把大部分基金的比较基准请出来，那就是大家熟悉的沪深 300 指数。

虽然以上大数据基金并不完全对标沪深 300 指数，但是从相关系数上来看，拿沪深 300 指数对比，问题不算太大。

我把近三年的收益情况汇总在表 4-12 中，大家看一下（2014 年 12 月 30 日—2017 年 12 月 30 日）。

表 4-12　大数据基金历年收益表

序号	名称	近一年收益	近两年收益	近三年收益
1	银河定投宝腾讯济安指数	3.14%	-4.96%	29.4%
2	广发百发 100 指数 A	4.73%	16.52%	24.79%
3	南方大数据 300 A	17.93%	14.74%	—
4	嘉实沪深 300ETF 联接	22.18%	10.67%	21.83%

总的来看，和互联网公司合作的大数据基金表现波动性很大，还有进一步优化和完善的空间。相对来讲，传统的指数型基金表现更稳定一些，收益更靠谱一点。

HOW TO SELECT FUNDS
AND GET HIGHER RETURNS

第五章

基金选择技巧

对风险保持敬畏

我们投资基金的目的是什么？

还能是什么，肯定是赚钱呗！

这个答案也不完全错，别说买基金了，其实所有投资的目的都是要赚钱。

但是这个答案还不够全面，或者说这是句正确的废话。

举个例子。

大家上班的目的也是赚钱，但是我们在找工作之前肯定不会直接去人才交流市场碰运气，正常情况下，我们会按照自己的专业、学历、年龄等基本情况，结合自己之前的工作经验，比较有针对性地关注一个行业的几家公司，或者几个行业里有共性的职位。之后会比较几家企业的优势劣势、工资福利、通勤时间等，最后才会决定是否接受这个 Offer。

类比到我们的投资生活，其实有很多相似的地方：比如你的基本情况决定了你处于什么投资阶段，你的工作经验和学历可以类比于你的投资经验和能够投入的资金额度，工资福利可以类比于预期年化收益率。对公司的选择可以类比于对风险的承受能力。

从时间维度上讲，基金投资短期有风险，而且风险很大；但基金投资长期风险小，通常是我们可以承受的。

风险和收益是一个共生关系。就如同世界上从来没有救世主一样，世界上也并不存在高收益低风险的投资。

对风险的承担能力

处在不同的年龄阶段，每个人的情况都不同：能够用于投资的资金额度不同，投资时间长短不同，能承受的风险大小也不同。如果能够找到放之四海而皆准的理财投资标准就好了。

有痛点的时候，就会有人解决痛点。

如图 5-1 所示，美国先锋公司曾经做过一张很经典的投资规划图，教大家如何按照不同的年龄阶段来做资产配置。

大家可以从图 5-1 中看出，股票作为风险最高的资产，随着投资者年龄的增长，其在资产配置中的占比一直在降低，从最开始占整个投资资金的65%，到最后下降到占比 20%。其他低风险的资产反而在随着投资者年龄的增长而增加。

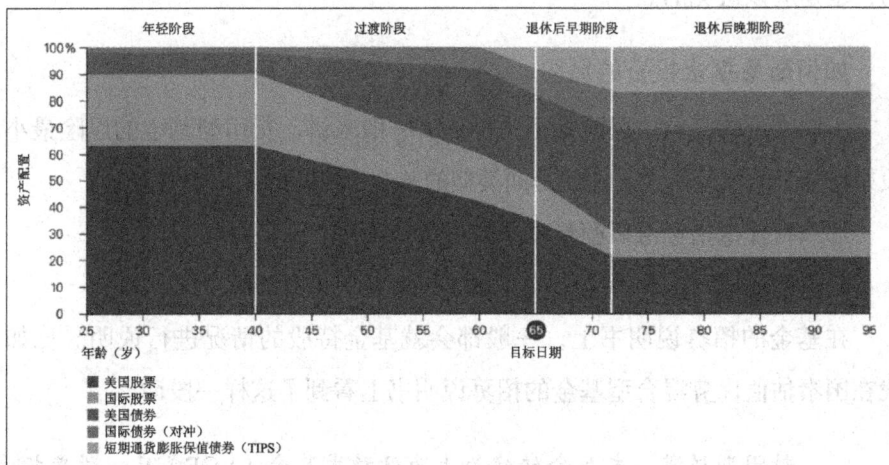

图 5-1　年龄阶段资产配置图　（美国先锋公司）

我们能从图 5-1 中看到投资者在人生不同阶段的不同资产配置需求，当然这只是在资产配置的大方向上给大家指导，具体到每个人的情况还需要具体调整。一千个人眼中有一千个哈姆雷特，只有经过个人亲自打磨的投资规划，才适合独一无二的你。

哪些风险是可以避免的

在投资过程中会有很多风险，有些风险是难以避免的，但有些风险是可以通过学习规避掉的。那么这些风险都是什么样子的，有什么特点呢？

对于整个 A 股市场中的大盘来说，涨跌牛熊本身是不可控的，更不可能被精准预测，大家在投资的时候要承认无法规避这种风险，接受这种风险的存在才是我们能够获得投资收益的基础。

对于个股的涨跌、热点板块的轮动带来的风险，以及基金公司和基金经理个性化的投资风险，大家则可以通过长期投资和分散投资来削弱和降低。这也是我们学习基金投资的原因，就是要尽可能地规避这种风险。

而与预测市场、波段操作相关的风险都是额外的风险，我们没有必要为了所谓的高收益就去做波段，轻易预测市场涨跌。这种风险是完全可以避免的，也是应该避免的。

如何衡量基金投资的风险

不同类型的基金，风险是不一样的。一般来讲，货币型基金的风险最小，股票型基金的风险最大。即使是同类型的基金，风险的大小也有差异。

那么有什么指标可以衡量基金投资的风险呢？

1. 持股比例

在基金的招募说明书上，一般都会就基金持股的情况进行说明。比如，我在国泰估值优势混合型基金的招募说明书上看到了这样一段话。

> 封闭期届满，本基金转换为上市开放式基金（LOF）后，股票投资占基金资产的 60%~95%；债券、货币市场工具、现金、权证、资产支持证券以及法律法规或中国证监会允许基金投资的其他证券品种占基金资产的 5%~40%，其中，本基金在封闭期后保留不低于基金资产净值的 5% 的现金或到期日在一年以内的政府债券。

大家可以看到，国泰估值优势混合型基金的股票占比不能少于60%，不能超过95%。基金中股票的比重越大，也就预示着基金的风险越大。如果在牛市中，基金的股票占比越高，投资者获得的收益就越大；在熊市中，基金的股票占比越低，投资者遭受的损失就越小。

总之，持股比例是判断基金风险程度的一个重要指标。

2. 持股周转率

基金周转率是反映基金买进和卖出证券数量的指标，或者说是一个反映基金操作风格是否稳健的重要指标。

周转率越高，表示基金买卖越频繁，基金经理的操作越倾向于快进快出的短线操作风格，风险相对越大；周转率越低，表示基金越倾向于中长期持有。

虽然有些短线操作水平比较高的基金经理，的确能够通过快速转移投资重点的方式获得较高的收益，但通常来讲，追逐热点并不是稳健的基金应有的投资风格。过于频繁的交易不仅带来较高的交易费用，而且也伴随着较大的交易风险。所以优秀的基金一般持股周转率都不高。

3. 持股集中度

如果基金经理判断准确，基金持股集中度高，那么基金净值将会快速上涨。但是在这之后它是否能做到全身而退同样令人担心。如果开放式基金持仓过于集中，一旦某些基金出现大跌，无疑将严重影响基金的稳定性。

随着基金持股集中度的不断提高，其潜在的风险也是日益增大的。过于集中的投资将无法发挥投资组合规避非系统性风险的作用，特别是当基金重仓股票经过较大幅度上涨之后，这种风险只会越来越高。

因此，在市场走势不明朗的情况下，选择那些持股集中度较为适中的基金更为靠谱。因为在这种情况下，基金经理将会用更大的调整空间来面对市场变化。

风险不等于冒险

需要提醒大家的是，投资往往伴随着风险，但是投资并不等于冒险。

尤其是，即使承担了很大的风险，最后也不见得能够得到很大的收益。如果大家在短时间内承担了很大的风险，最终很有可能没有收益，甚至要承担亏损。

所以，平衡收益和风险是一个终身需要学习的课程。

如果你刚刚参加工作，或者说离退休还有 20~30 年的时间，那么选择一个风险小、收益低的理财投资方式，会浪费掉大量的时间和金钱，得不偿失。

就如同一辈子把钱放在银行里一样，眼睁睁地看着通货膨胀这个大老虎吞噬我们的血汗钱。

在年富力强的时候多了解投资的风险，利用长期投资的优势，去寻求高收益，同时还能承受短期波动对心理带来的冲击，这时候需要你有足够的智慧和承担风险的能力来选择较为激进的投资方式，比如股票型基金，而且还可以选择那些投资中小企业的"中小盘"股票型基金，也就是所谓的较为激进、风险较高、同时收益也比较大的基金。

市场大跌的时候，我们怎么办

当市场出现较大幅度调整的时候，大部分基金也不能幸免，毕竟是系统性风险，很难通过分散投资来完全避免，那么大家该如何应对这种局面呢？

1. 落袋为安

投资就是要获取收益的，把浮盈变成真金白银才是王道。如果市场出现较大的波动，那么基金的表现也会出现分化，能抗跌的基金就不用多操心。对于出现业绩下滑的基金，一方面基金经理有可能会通过分红的方式锁定之前的收益，有效应对未来可能出现的更大的下跌风险；另一方面大家也要做好准备，就是要把基金的一部分收益进行变现，实现"落袋为安"的目标，从而减少市场下跌带来的净值损失。

2. 喜新厌旧

第一个方法，我告诉大家的其实就是一句话，保住收益。

那么第二个方法"喜新厌旧"又是什么思路呢？

在市场出现大跌、进入慢慢熊市的时候，市场上人心惶惶，纷纷割肉，此时大家可以把一部分注意力放到新发行的基金上面。前面介绍过，新基金会有一个建仓期，在这几个月的时间里，新基金可以较为从容地布局，躲避满仓大跌。当然，这样的操作需要我们拿出足够的勇气和判断力。

如何选择适合自己的基金

选择一个适合自己的基金，挺难的。

你要关注不同类型的基金公司、投资方向、基金经理的投资风格、投资资产的类别，简直就是眼花缭乱。

面对各种各样的基金，我们很难从基金配置资产的实际情况出发进行深入细致的研究分析，从而选择了不适合自己的基金。

当选择了不适合自己的基金之后，最终会因为持有时间不够或者收益预期不合理，而与应获得的收益擦肩而过。

基金投资的原则其实都是老生常谈，没有什么新鲜的，我也编不出来新花样。

大道至简，能坚持下来的，其实已经成功啦。

投资市场经常起起伏伏，变幻莫测。要想在最低点入市或者在最高点离场都是难上加难。

那么是不是在投资方面可以无脑随时入场了？

显然，如果坚持一些正确的投资原则，就会获得更多更好的收益。

有两个原则，一直是我比较看重的，跟大家一起分享一下。

你是在坚持价值投资吗

投资市场是一个很魔幻的地方，在一次次的涨跌与震荡过程中，相当一部分投资者都杀红了眼，忘记了自己的投资理念，比如价值投资理念。

在牛市中，价值投资受到追捧，人人都在提及价值投资的重要意义。但是，一旦进入熊市，大量散户很难忍受市场的下跌或者震荡，失去赚钱效应的价值投资理念同样会受到质疑和摒弃。

国内基金业自成立以来，很多都是打着价值投资的旗号，但实际上多数的基金经理在现有的市场环境中，很难做到价值投资。敢于在股票市盈率过百的时候继续入市，喊着为国接盘，投资这种泡沫下的股票算不上是价值投资，这样的长期持有只能带来亏损，难以解套。

价值投资的着眼点在于挖掘价值，而价值的体现则需要时间的配合。所以价值投资不是说随时随地地买入，然后盲目地长期持有。

基金经理要选择有价值的股票，大家要选择有发展空间的基金公司。好的基金公司就如同好股票一样，随着时间的推移，具备投资价值的基金最终会为我们带来丰厚的投资回报。

你愿意持有基金多久

基金投资是一项长期的投资理财活动，其本质是让理财专家帮助投资者投资，即让理财专家帮助投资者挖掘市场中那些在中长期有增值潜力的金融投资品种。

在 2015 年大牛市行情中，大部分基金净值的年增长率都超过了 40%，但很多基金投资者的平均收益却仅有 15% 左右。

大多数投资者不能获得基金净值增长带来的平均收益，其主要原因是他们频繁地买卖基金，不能坚持长期投资原则。

有不少投资者认为做波段投资更赚钱，但这种赚钱方式非常依赖运气。也许某一段时间的收益比长期持有收益高，但从长远来看，其收益一般都会低于长期持有带来的收益。原因是频繁买卖基金要付出高额的交易费用，并且基金的价格波动要比股票小很多。

另外，经常在大家卖出基金以后，基金价格又上涨了，你怕踏空，不得不再次追高买进，即"低卖高买"，这种操作其实和价值投资理念是完全相悖的。

总之，基金不是适合频繁买卖的金融投资品种，如果投资者擅长投机，那么就不应该选择基金作为投资工具，如果选择了基金，就要坚持长期投资理念。

因此大家要明白，坚持长期投资的前提是价值投资，在经济泡沫、股市泡沫高涨时候入市投资本身就是错误的。另外，从价值投资的角度来看，在到处都是泡沫的股市中，应该选择果断离场，而不是继续持有。

注意，基金投资一定要用长期闲置资金，因为长期投资可能是一年，也可能是几年、几十年。索罗斯曾经说过："如果你没有做好承受痛苦的准备，那就离开吧，别指望你会成为常胜将军，要想成功，必须冷酷。"

另外，股神巴菲特所持股的平均时间为 17 年，并且其年平均回报率为 21.5%，即如果向巴菲特管理的伯克希尔·哈撒韦公司投资 1 万美元，那么在 41 年后，你将拥有 2935.13 万美元。

这个确实很诱人，但是 41 年来能够一直坚持持有的人简直是凤毛麟角。

你准备坚持投资多少年呢？

分散投资的核心三要素

建立一个投资组合，同时持有多支基金是现如今很多投资者的投资常态。

这个投资组合就是分散投资的常用做法。

对于基金投资来讲，有三个要素是不能回避的，也是最关键的：收益、风险和相关性。

我们先来说收益和风险。

基金投资有风险，大家对此都是心知肚明的。

那么该如何面对风险和收益呢？

巴菲特的老师格雷厄姆是一位分散投资的践行者。"不要把鸡蛋放在一个篮子里"就是这位大师给投资者们的一句投资建议。通过购买一揽子股票来分散投资风险，实际上关注的就是两点：风险和收益。如果我们集中资金只投资一支股票，那么收益必然会跟着这支股票的走势上下波动，风险系数直线上升。而投资组合可以把整体的波动性削弱，降低风险，专注于长期投资带来的成长效应。

那么相关性呢？

另外一位投资大师马克维茨在风险和收益的基础上更进一步：做分散投资时，在考虑风险和收益的同时，还要关注投资工具之间的相关性。

如果两项独立的投资之间的相关性很大，那么分散投资的效果就会很差。一旦市场出现波动，相关性很大的几支基金会同时面临下跌，分散效果将难以实现。比如我投资了5支基金，本想着分散风险，但是5支基金都是和大盘股相关的指数型基金，彼此相关性很大，那么一旦市场风格切换到小盘股，投资组合的风险不但没有降低，还有提高的可能。

正是因为提出了相关性的概念，马克维茨还获得了诺贝尔经济学奖。

投资组合理论强调的是要投资在独立的、不相关的领域里面，而不是简单地购买一揽子证券。盲目地购买一揽子证券、购买很类似的产品是达不到分散投资的目的的。所以大家需要在考虑风险和收益的同时，关注相关性，也就是投资组合的搭配，比如股票和债券、大盘股和小盘股、价值股和成长股等。

72 法则

在投资的收益计算中，有一个经典的"72法则"。大家通过这个法则就可以非常快地计算出让自己的资产价值翻一倍需要多长时间。

比如我投资某支基金的年化收益率是 6%，那么按照"72 法则"，让我的资产价值翻一倍的时间就是 72/6=12 年，也就是说，如果未来每年的年化收益率是 6%，那么要经过 12 年我的资产价值才会翻一倍。

以此类推，在年化收益率是 8% 时，让资产翻一倍需要 72/8=9 年。在年化收益率是 12% 时，让资产翻一倍需要 72/12=6 年。

大家一般参加工作的时间是 25 岁，退休年龄按 65 岁计算，也就是说可以投资的时间是 40 年，我们按照 12% 的年化收益率计算，那么资产价值 6 年翻一倍，40 年就可以翻接近 6.7 倍，也就是说 2 的 6.7 次方，等于 104 倍。

换句话说，投资的收益高低，一方面要看收益率，另一方面也要看时间。因为时间会帮助我们完成收益的翻倍增长，而高收益的风险又会被时间磨平。

时间，帮了我们很大的忙。

如何选择基金公司

每一支业绩良好的基金，都有一个靠谱的基金公司在支撑。所以，基金好不好，基金公司很重要。

基金公司就像一个足球队，基金经理是前锋，基金的研究团队是中场，风险控制是后卫。研究团队确定投资的领域和行业，为基金经理提供一系列可以用于投资的股票，风控团队对风险进行实时评估并严格把控。离开哪个环节，基金都难以取得优秀的成绩。

那么，如何选择一个好的基金公司呢？

基金公司在投资方面有一整套的严密逻辑和程序，但是一般不会轻易对外公布。我们只能通过已经公开的材料和信息进行甄别，来看看这些基金公司到底是不是靠谱的资产管理公司。

成立时间

经典需要时间，经典也蔑视时间。

成立时间很长的基金公司一般都经过了市场的残酷洗礼，具有丰富的管理经验。

如果一家基金公司经历了一轮甚至多轮完整的牛熊考验，旗下的基金产品表现依旧稳健，那么随着时间的推移，这家基金公司的能力和经验都会有一个大幅度的提升，所以成立时间是基金公司筛选标准中很重要的一项。

品种丰富

规模较大的基金公司其基金产品一般都比较丰富，不仅有自己擅长的基金投资类别，其他产品的整体水平也都不错。基金类型的多寡，也能说明基金公司是否有能力进行多方位的管理，而且有进一步实现从大到强的目标。

管理规模

基金公司的管理规模越大，说明选择投资这家基金公司产品的投资者越多，资金是最好的投票工具，管理规模庞大说明投资者对基金公司的信任。

这里面不得不提到天弘基金，作为行业内基金规模最大的基金，它借助余额宝的影响力和老百姓对货币型基金的信任，快速成长为行业基金规模最大的基金公司。

基金经理

衡量一家公司的优劣，只看管理规模大小是远远不够的。我们需要通过多个指标来进行评估。

大家都知道基金经理是一支基金的灵魂，一个优秀的基金经理可以说是基金管理的核心。基金经理的从业经历、选股方法、稳定性都会影响基金的绩效。

对于基金公司来讲，拥有一两位明星基金经理还是很容易的，但是如果基金经理的整体水准都很高的话，那么就可以从一个侧面说明，这家基金公司实力比较强。

公司业绩

基金公司业绩的好坏一直是我们选择基金公司和基金的重要决定因素。对于大家来说，获利的根本保障就是基金业绩良好，而表现良好的基金公司通常有比较不错的专业判断能力，这样才能不断地在投资过程中给大家赚钱。

专业评级

实话实说，很难有哪个人能够对基金公司的情况完全掌握。

那么，就放手让专业的人去做专业的事吧，我们只要知道结果就好。

目前有很多第三方的评级机构，比如晨星、海通、天相等。大家可以根据这些机构的评级来筛选合适的基金公司。

基金公司选择实践

说了以上 6 条标准，估计大家也觉得云里雾里的，那么我们应该在投资过程中如何实践呢？下面我们具体操作一下，通过天天基金网等提供的工具，来看看哪些基金公司值得大家关注。

（1）如图 5-2 所示，我们首先打开天天基金网，在左边单击【基金公司】按钮。

单击之后，如图 5-3 所示，大家在页面中可以看到目前国内基金市场的整体情况，包括各个类型基金的规模和数量。可以看出目前混合型基金已成为管理规模最大的基金类别。

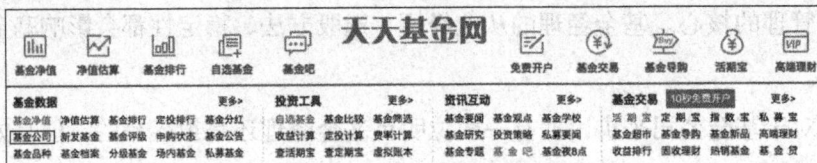

图 5-2　筛选基金公司截图

图 5-3　基金市场概况

（2）那么具体的基金公司表现如何呢？我们接着看图 5-4 所示的【基金公司排名列表】，天天基金网已经从基金公司成立时间、天相评级、管理规模、经理数量进行了排序，大家看一下。

图 5-4　基金公司排名列表

为了更直观一点，我做了一个表格（如表 5-1 所示），把成立时间、天相评级、管理规模、经理数量前十名的基金公司筛选出来，看看都是哪些公司。

表 5-1　基金公司前十名汇总表

成立时间	天相评级	管理规模	基金个数	经理个数
山西证券	天弘基金	天弘基金	博时基金	嘉实基金
国泰基金	南方基金	工银瑞信基金	招商基金	工银瑞信基金
南方基金	银华基金	易方达基金	广发基金	博时基金
华夏基金	兴全基金	建信基金	南方基金	南方基金
华安基金	华安基金	博时基金	鹏华基金	华夏基金
博时基金	国泰基金	南方基金	易方达基金	富国基金
鹏华基金	交银施罗德基金	华夏基金	华夏基金	招商基金
嘉实基金	中欧基金	招商基金	嘉实基金	广发基金
长盛基金	诺安基金	嘉实基金	工银瑞信基金	易方达基金
大成基金	万家基金	中银基金	汇添富基金	汇添富基金

当然，符合所有以上条件的基金公司肯定是少数，大家可以根据自己的偏好来进一步筛选。

也不用拘泥于排名前十的基金公司。毕竟，每家大公司也都是从小到大，从大到强的。

除了分类排名之外，我们还能从哪些方面了解一家基金公司呢？

我们以南方基金公司为例。

如图 5-5 所示，在基本信息里，我们除了能看到管理规模、基金数量以及经理人之外，还可以看到公司的性质和公司地址等信息。

图 5-5　南方基金管理有限公司基本情况

如果大家想知道某家基金公司最擅长投资的是哪类基金，可以在【收益与规模】里进行查看，如图 5-6 和图 5-7 所示。

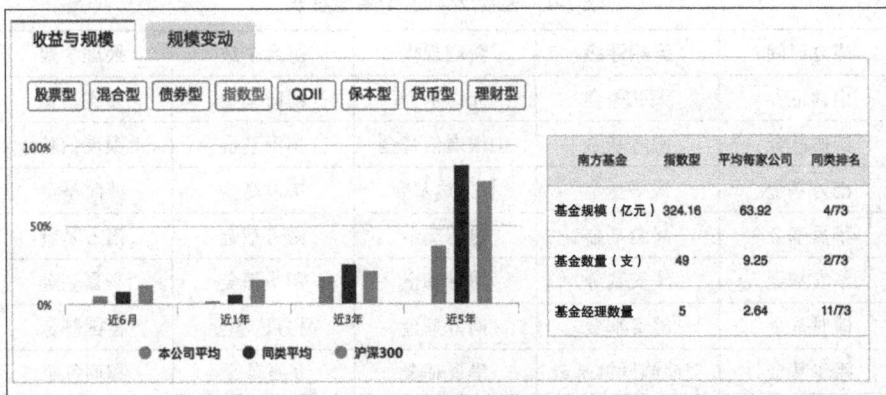

图 5-6　南方基金公司指数型基金的收益与规模

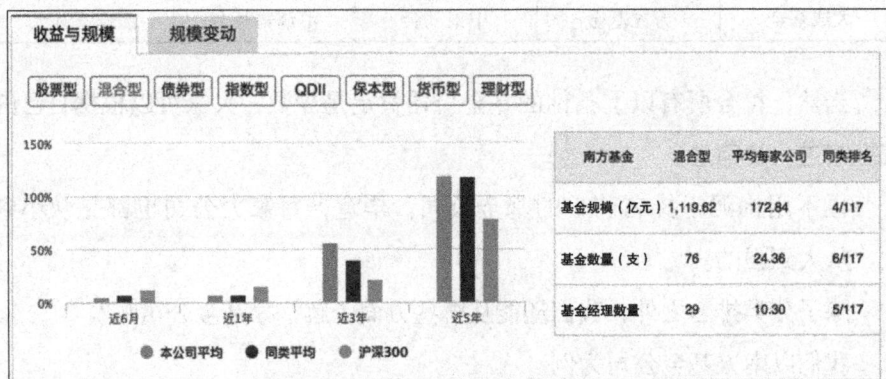

图 5-7　南方基金公司混合型基金的收益与规模

可以看出，南方基金公司的混合型基金的整体收益要高于同类平均水平和沪深 300。但是南方基金公司的指数型基金的整体水平就很难超越同类平均水平和沪深 300 了。很显然，基金公司也有自己的优势和短板。

当然，这只是整体评价，大家可以就具体的基金进行进一步的分析。

说完了南方基金公司的整体收益和规模，我们再来看看南方基金公司的基金经理整体水平如何呢？

大家可以在图 5-8 中看到南方基金公司的基金经理数、平均任职年限，同时还有公司在这两个方面的整体排名。

基金经理概况			数据截止日期: 2017-12-06
	本公司	各公司平均	公司排名
当前经理数（人）	43	13.39	4l122
平均任职年限	1年又360天	1年又169天	22l122

图 5-8 南方基金公司的基金经理情况

如果想知道其中某一个基金经理的情况，我们也可以在图 5-9 所示的【基金经理管理基金一览】中看到某一个基金经理管理的所有基金情况。

基金经理管理基金一览								
应帅管理的基金一览								
基金代码	基金名称	类型	任职时间	任职天数	任职回报	同类平均	同类排名	
001696	南方智造股票	股票型	2017.08.03~至今	129天	2.70%	4.56%	495l781	
202213	南方安心	保本型	2016.10.10~至今	1年又61天	0.20%	1.54%	108l132	
002160	南方驱动混合	混合型	2016.03.23~至今	1年又262天	38.50%	13.35%	107l1397	
202002	南方稳健成长贰号	混合型	2012.11.23~至今	5年又18天	105.27%	119.16%	288l526	
202001	南方稳健成长	混合型	2012.11.23~至今	5年又18天	104.00%	119.16%	293l526	
202101	南方宝元债券	债券型	2010.12.02~2016.03.30	5年又120天	53.72%	42.76%	16l147	
202005	南方成份精选混合	混合型	2007.05.14~2012.11.23	5年又195天	-20.46%	-10.12%	127l188	
202101	南方宝元债券	债券型	2007.05.11~2009.02.12	1年又278天	4.51%	14.26%	30l30	
500010	基金金元	封闭式	2007.05.11~2007.05.14	3天	2.35%	1.89%	1l4	

图 5-9 基金经理管理基金情况

从图 5-9 中我们可以看出基金经理管理的基金数量、在每一支基金上的任职天数、任职期间的回报等信息，可谓非常详细。

图中还有相应的同类排名等对比信息。从这些信息里我们可以对基金经理的管理能力有一个全面的了解和认识。尤其是对于管理着一些明星基金的基金经理来说，确保一支基金取得高收益并不难，难的是让旗下的所有基金都保持同样的高水准。所以要考察一个基金经理是否优秀，可以从他管理的基金的整体水平着手进行评估，如果基金经理管理的基金水平都很高，那么这样的基金经理才值得大家信赖。

前面的信息主要是带着大家从基金公司的宏观层面进行了解和分析，如果大家想仔细了解基金公司持有股票的情况，可以单击【持仓明细】，查看基金公司总体持仓情况，图 5-10 所示的是南方基金公司持仓前 10 的股票。

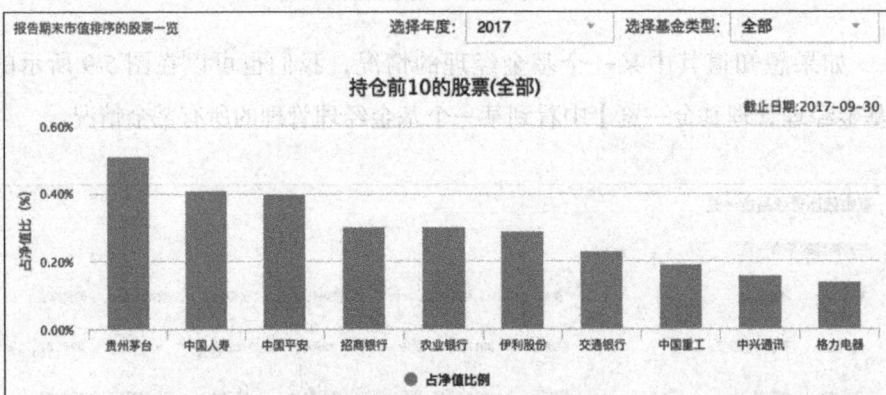

图 5-10　南方基金公司持仓前 10 的股票

很明显，这家基金公司对金融股和白马股比较情有独钟。当然，大家也可以和基金公司往年的持仓情况进行对比。

如图 5-11 所示，接下来我们看一下基金公司的全部基金净资产和持有人结构。在前面的内容中我提到过，机构持有的比例可以从侧面来印证一家基金公司的实力。机构持有的越多，就说明专业人士对这家基金公司越认可。大家感兴趣的话，可以一一研究。

截至2017-06-30，南方基金 的基金机构持有822.65亿份，占总份额的62.59%，个人投资者持有1,168.39亿份，占总份额的37.41%

持有人结构（全部）

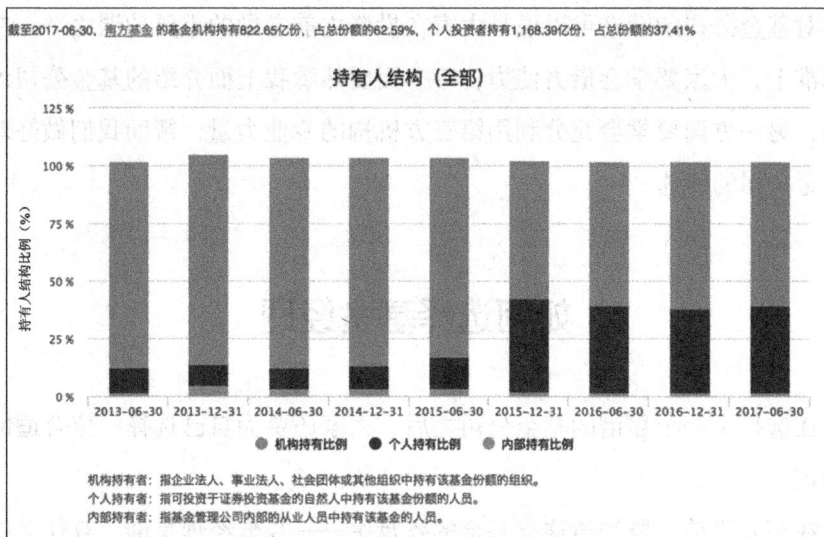

机构持有者：指企业法人、事业法人、社会团体或其他组织中持有该基金份额的组织。
个人持有者：指可投资于证券投资基金的自然人中持有该基金份额的人员。
内部持有者：指基金管理公司内部的从业人员中持有该基金的人员。

图 5-11　基金公司持有人结构

图 5-12 反映的是基金公司的净资产规模变动情况，大家可以看到在 2015 年牛市启动后，基金公司的资产规模有了一个大幅度的提升，而随着股灾的到来，净资产规模的增长幅度开始减小，在 2017 年初的时候还出现了一定的下滑。

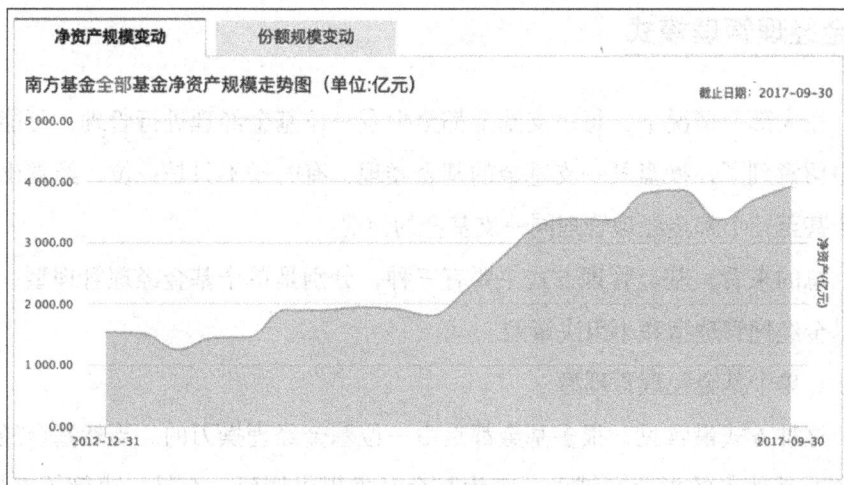

图 5-12　基金公司净资产规模变动情况

对基金公司的筛选可以说是大家在投资之前必做的重要功课之一。在筛选标准上，大家要学会借力使力，一方面要熟悉我上面介绍的基金公司评价方法，另一方面要学会充分利用第三方机构的专业力量，帮助我们做好对优秀基金公司的筛选。

如何选择基金经理

在选择了一个靠谱的基金公司之后，大家还要为自己选择一位合适的基金经理。

在买入之前，要知道这支基金的操盘手——基金经理是谁，有什么样的资历，历史业绩如何。只有知道他的能力，我们才能信任他能够给我们带来丰厚的回报。

找一位适合自己的基金经理，认可他的投资理念，可以让大家事半功倍，让投资收益更上一层楼。将资金打理的事情交给他就可以，我们只需要安心工作即可。

基金经理管理模式

在大部分情况下，每一支基金都至少有一位基金经理进行管理，可能大家也留意到了，操盘某一支基金的基金经理，有时候不只是一位，经常出现两个甚至三个基金经理管理同一支基金的情况。

总的来看，基金管理方式主要有三种，分别是单个基金经理管理型、多个基金经理管理型和小组决策型。

1. 单个基金经理管理型

这种方式最常见，很多基金都是由一位基金经理操刀的。当然基金经理也需要其他人的配合和辅助，来为基金经理提供调研、交易、决策等支持。大家紧密围绕在基金经理的周围，提供各种分析和调研参考。

听起来这种模式下的基金经理很爽，但是实际上压力最大的还是基金经理本人。毕竟他本人要对整个基金的盈亏成败负很大的责任。

2. 多个基金经理管理型

随着社会化分工越来越精细化，基金经理负责的工作领域也更加具体。所谓闻道有先后，术业有专攻。现阶段，很多基金经理开始专攻某一个领域。

这对于混合型基金来讲更为突出。混合型基金不同于股票型基金或者货币型基金，需要基金经理既懂得投资股票，又懂得投资债券、货币等产品。不可避免的，它需要多个相关领域的基金经理通力合作，共同努力。

3. 小组决策型

很多时候所谓的小组决策型基金，更多的是师傅带徒弟在管理。

比如新上任的基金经理在接手一支基金的时候，需要老的基金经理带一段时间。

无论如何，多个基金经理组成的决策小组很难完全由其中一个基金经理说了算。

有些基金公司甚至规定，基金经理只能作 5000 万元以下的投资决策，超过这个数额的话，就需要决策小组来统一做出决定。

如何选择基金经理

那么，如何选择一个靠谱的基金经理呢？

我们都知道，业绩是衡量一个基金经理的最核心的指标，但是真正优秀的基金经理不仅是很棒的操盘手，更是富有理财理念的经济专家。所以，我们需要从多个维度来衡量基金经理。

从业时间

我们经常说，稳定压倒一切。

基金经理也是如此。

经济发展总是有一定的规律，如果不考虑周期性因素和阶段性变化对资产配置的影响，那么基金经理的运作业绩是很难保持稳定的。

因此，对于基金经理来讲，从业时间越长，投资的经验越丰富。尤其是经历过牛熊考验的基金经理，对不同市场风格的变化会有一定的经验和适应程度。

保持稳定业绩，不会领完年终奖就跳槽的基金经理才是我们的最爱，毕竟整支基金的投资风格是需要基金经理来把控的。

从图 5-13 中，我们可以看到，这位基金经理一直以来都在兴全基金任职，任职时间超过 10 年。论经验，他可以打败 97% 以上的基金经理了。更难能可贵的是，这位基金经理也从来没有跳过槽，不但是位老臣，还是位忠臣。

当然，并不是说让大家只能选择从业时间超过 10 年的基金经理，我们看重的是基金经理的稳定性和持续性，把跳槽带来的不确定性风险降到最低。

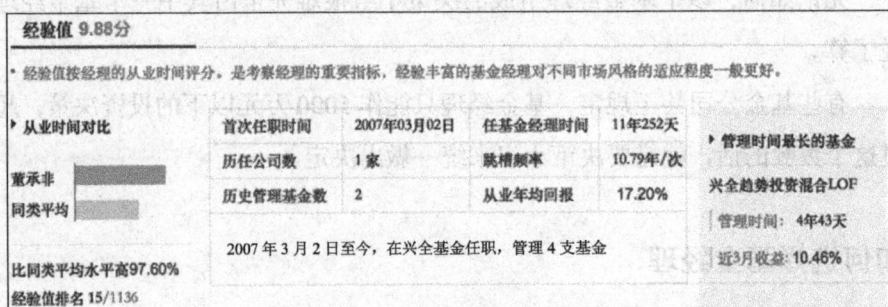

经验值 9.88分					
* 经验值按经理的从业时间评分。是考察经理的重要指标，经验丰富的基金经理对不同市场风格的适应程度一般更好。					
▶ 从业时间对比	首次任职时间	2007年03月02日	任基金经理时间	11年252天	▶ 管理时间最长的基金
董承非	历任公司数	1家	跳槽频率	10.79年/次	兴全趋势投资混合LOF
同类平均	历史管理基金数	2	从业年均回报	17.20%	管理时间：4年43天
比同类平均水平高97.60%	2007 年 3 月 2 日至今，在兴全基金任职，管理 4 支基金				近3月收益：10.46%
经验值排名 15/1136					

图 5-13　基金经理的经验

盈利能力

在开篇的时候我就说过，虽然考察基金经理的标准有很多方面，但是最终还是看业绩，业绩才是王道。

在考察基金经理的时候，大家需要考察基金经理在短期和长期不同时间阶段的盈利能力，比如在下跌行情中是否能够抗跌，在牛市行情中是否能够尽可能地超越指数增长等，也可以按月、按季度、按年来看基金的涨幅如何。

从图 5-14 中，我们首先可以看到基金经理操盘的这支基金可以按阶段涨幅、季度涨幅和年度涨幅来分别查看情况。在季度涨幅里除了基金本身的涨幅外，还可对比同类平均、沪深 300 等指标。

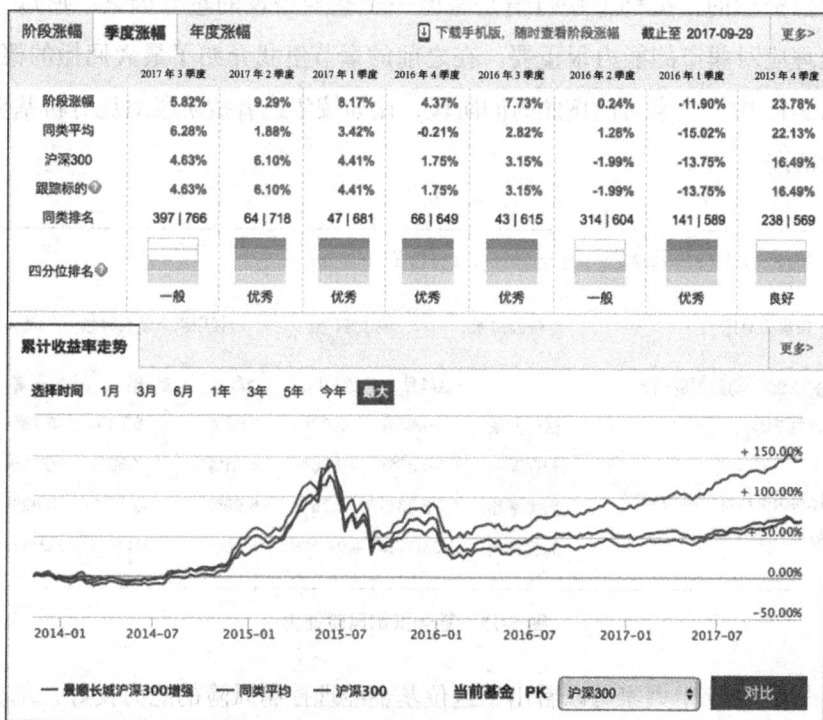

图 5-14　基金收益分析

这里面有一个"四分位排名"指标，是什么意思呢？

四分位排名其实就是把同类型的基金按照涨幅大小进行排序，然后再分为四个等份。每一个部分大约含有四分之一的基金，基金按照相对排名的位置高低分为：优秀、良好、一般、不佳。

可以说，四分位排名是把基金涨幅的数字图像化了，大家可以很直接地在四分位排名中看出基金在某一阶段的表现如何。

在图 5-14 中，大家可以对比一下不同时期的基金的累积收益走势。从图 5-14 中可以看出来，这支基金还是不错的，在过去 4 年的大部分时间里跑赢了同类基金和沪深 300 指数。

防御能力

国内 A 股市场是典型的"牛短熊长"。在牛市里一路飞涨不难做到，考验一位基金经理的最好时间段是在熊市，如何在市场低迷的阶段找到有价值的投资标的，抵御下跌行情是考验一个基金经理的重要因素。所以，基金经理应对熊市的能力很重要。在之前的章节里我介绍了最大回撤的概念。在图 5-15 中，大家可以按照时间阶段，比如按年或者按阶段对比分析基金的回撤情况。

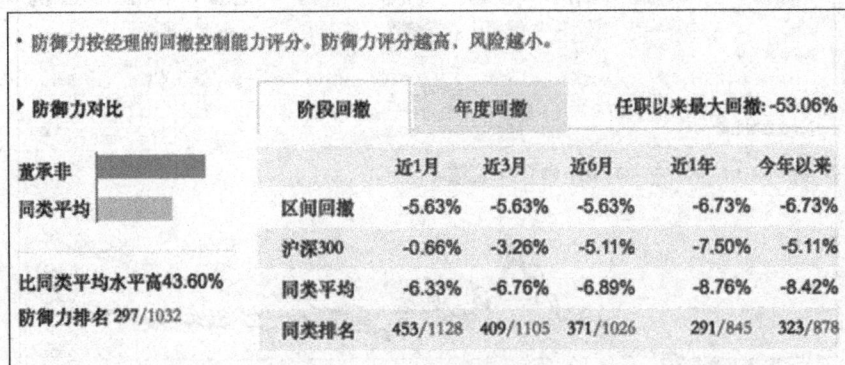

- 防御力按经理的回撤控制能力评分。防御力评分越高，风险越小。

▶ 防御力对比	阶段回撤		年度回撤		任职以来最大回撤:-53.06%	
		近1月	近3月	近6月	近1年	今年以来
董承非 ▬▬▬	区间回撤	-5.63%	-5.63%	-5.63%	-6.73%	-6.73%
同类平均 ▬	沪深300	-0.66%	-3.26%	-5.11%	-7.50%	-5.11%
	同类平均	-6.33%	-6.76%	-6.89%	-8.76%	-8.42%
比同类平均水平高43.60%	同类排名	453/1128	409/1105	371/1026	291/845	323/878
防御力排名 297/1032						

图 5-15　基金抵御风险能力

从图 5-15 中大家可以看出，这位基金经理控制风险的能力良好，基金回撤幅度低于同类平均水平，但是和沪深 300 指数相比回撤还是比较大的。

机构最爱

机构的研究能力和分析能力在一般情况下要比大家更专业更系统。如果机构看好某个基金经理和他的投资理念，就会更愿意持仓这个基金经理管理的基金，而机构持仓占比也可以作为我们选择基金的关键参考因素。

从图 5-16 中，我们可以看到这位基金经理机构持仓的占比以及与同类平均值的对比情况。

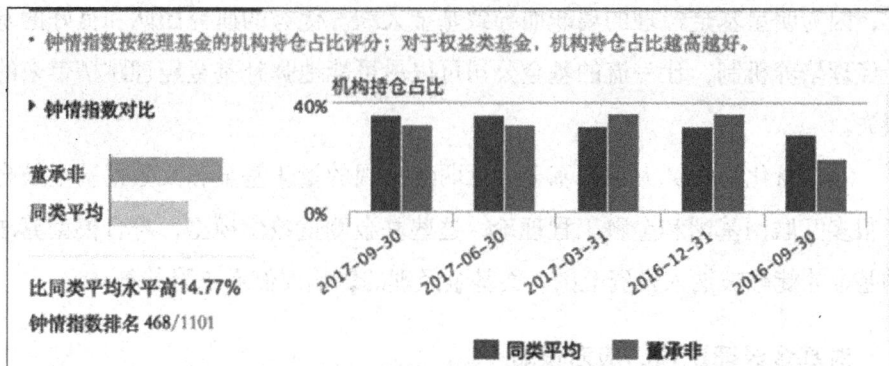

- 钟情指数按经理基金的机构持仓占比评分；对于权益类基金，机构持仓占比越高越好。

▶ 钟情指数对比

董承非
同类平均

比同类平均水平高14.77%
钟情指数排名 468/1101

机构持仓占比

图 5-16　机构持有基金占比

哪些基金不受基金经理变换的影响

可以说，基金经理对基金有着不可忽视的影响。

但要命的是，"天要下雨，娘要嫁人"，总有基金经理按捺不住想跳槽，怎么办？

而且基金经理跳槽也不会大张旗鼓地宣传，基金公司发布一纸公告就算对外说明了。对于大家来讲，这种信息严重不对称的情况，不仅影响其决策判断，也给基金未来的走势打上了问号。

不过好消息是，并不是所有的基金都会受到基金经理离职的影响，或者说基金经理离职对一些基金影响不大。那么哪些基金受到基金经理更换的影响最小呢？

（1）纯债型基金和货币型基金本身属于低风险基金，基金经理的变动对其业绩的影响十分有限。

（2）指数型基金。大家都知道指数型基金的目标就是尽可能地复制指数的变化走势，它不需要基金经理过多地考虑选股问题和分析相关公司。指数纳入或者剔除哪些股票，基金经理按图索骥即可。因此，指数型基金的基金经理跳槽，对指数型基金的影响不大。

（3）一流基金公司。一流基金公司之所以一流，很大程度上是因为它们有相当多的优秀基金经理，而且研究团队实力强，不会像小的基金公司那样，因为明星基金经理的离职而导致基金大跌。优秀的研究团队和良好的基金经理培养机制，让一流的基金公司可以尽可能地弥补基金经理跳槽带来的损失。

（4）量化基金／大数据基金。近两年出现的量化基金和大数据基金结合了很多互联网基因和金融工程理论，这些基金侧重数学模型，符合模型算法的基金才能够被纳入投资范围，而基金经理的影响反倒有下降趋势。

对基金经理跳槽的应对策略

如果基金经理真的变动了，比如说像王亚伟这样的明星基金经理突然跳槽了，大家应该从哪些方面评估基金，又该如何应对呢？

1. 持股变化

基金的持股情况出现大规模变动的时候，表示基金经理的投资策略发生了改变。对于基金持股情况的变动，大家可以从基金公告中了解。

如果持股变化之后正好符合整个市场的趋势和关注热点，那最好不过。如果风格迥异，甚至与大家的投资理念相违背，那么你也可以选择离开了。

2. 基金规模

很多明星基金经理的离职或者跳槽，会伴随着老基金规模的变化。基金规模的大小也会影响到基金经理的操作思路。所以如果基金经理变动了之后，基金规模也大幅改变，那么十有八九基金的投资策略也变了。大家此时就要留意基金的持股情况是否也发生了重大变化，及时做好调整的准备。

一个筛选基金的利器——晨星网

对于很多投资者来讲，要在市场上名目繁多的基金中选出合自己心意的基金，实在是太难了。前面介绍了如何选择基金公司和基金经理，那么有没有更好的办法让大家事半功倍呢？

需要指出的是，很多投资者没有足够的专业投资知识，往往只是通过基金净值的涨跌幅度或者基金净值的高低来判断基金优劣。然而，市场上有几千支基金流通，各种基金的投资类型、投资风格和投资目标往往有较大差异，单单凭借一两个指标就决定选择哪支基金进行投资，实在是有失偏颇。善于总结前人的经验，利用好投资工具，是大家获得高收益的必要条件。

正是考虑到了这一点，一些专业的证券投资机构设计出了一套相对科学、系统的基金评价模型对各类基金进行全面评估，并且将每支评估过的基金与同类型的基金进行比较。有了这种基金评级，投资者在选择基金的时候就可以参照科学的评价体系，节省了大量的时间和精力，可以非常轻松、快捷地找到适合自己需求的优秀基金。

说到第三方基金评级机构，有过基金交易经验的投资者肯定听说过晨星网。

是的，这一节我准备认认真真、仔仔细细地跟大家介绍一下晨星网。

晨星网简介

晨星网在 1984 年创立于美国，是全球著名的证券评估公司，它的宗旨是给投资者提供专业的财经资讯，以及基金和股票分析与评级，在很多国家都有分支机构。

为了保证评级和分析的独立性和客观性，晨星网一直坚持作为独立的第三方，它本身是不进行基金和股票投资的，也不向基金公司收取任何费用，不仅仅在美国，它在全球也是少有的基金评级权威机构。因此对于大家来讲，作为第三方机构的晨星网所发布的基金评级相对来说是非常公正客观的，也有很强的指导性。

这才是业界良心。

晨星网星级评价原则

当然，这种客观公正也是建立在大量分析研究的基础之上的。晨星网对基金的星级评定一直让我们津津乐道，那么这个星级评价的原则是什么？是如何计算出来的呢？

实际上，星级评定是一个数学计算结果。晨星网在同类型的基金里，衡量了风险调整后的收益。

晨星网会重点关注基金的波动情况，评价基金的时候会从基金的总收益中扣除"风险惩罚"的部分。相当于在把基金的风险转化为负收益，然后从净收益里扣除，最后用扣除后的收益进行排序。这样既兼顾了基金的收益，也考虑了基金面临的风险，可谓是一举两得。

比如两支同类型的基金，收益也完全相同，但是基金 A 的波动较大，基金 B 的波动较小，那么基金 A 扣除的"风险惩罚"就会更多。自然基金 A 的星级就会低于基金 B。

当然，具体的风险惩罚比较繁杂，大家只要知道晨星网的评级是扣除了波动风险的评级就好。

我们来具体看看晨星网的基金评级标准，如表 5-2 所示。

表 5-2　晨星网的基金评级标准

基金成立时间	长短期绩效占综合评级比重
三年以上，五年以下	过去三年绩效占比 100%
五年以上，十年以下	过去五年绩效占比 60%，过去三年绩效占比 40%
十年以上	过去十年绩效占比 50%，过去五年绩效占比 30%，过去三年绩效占比 20%

大家从表 5-2 中可以看到，晨星网不但关注基金的收益情况，也很关注基金成立的时间。我在前面也多次跟大家说起过这个问题。晨星网的评级更注重长期的收益，大家可以看到，越是长期收益，在评级中的占比越高，而近期收益的占比却次之。很明显，晨星网在帮大家选出优秀基金的时候，也在标准里暗含着长期投资的理念。表 5-3 所示的是晨星基金星级评价标准。

表 5-3　晨星网的基金星级评价标准

星号	含义
五颗星	在所有同类型基金中排名在前 10% 的基金
四颗星	在所有同类型基金中排名在 10%~32.5% 的基金
三颗星	在所有同类型基金中排名在 32.5%~67.5% 的基金
二颗星	在所有同类型基金中排名在 67.5%~90% 的基金
一颗星	在所有同类型基金中排名在最后 10% 的基金

在星级评定上，需要提醒大家的是晨星网的星级评定是一个相对评级，而不是绝对评级。星级其实和参与的基金数量有很大关系，例如参与评级的债券型基金和混合型基金分别有 10 支和 100 支。那么按照晨星的基金星级评价标准，这两种类型的五星级基金分别只有 1 支和 10 支，但并不是说债券型基金中排名第二的基金不够优秀，只是因为名额所限，导致排名第二名的基金只能得到四颗星。而实际上，两者的收益差距可能非常小，甚至微乎其微。

一个客观公正的基金评级，是值得大家信赖的。

如何使用晨星网

可以说，晨星网就是一个基金的数据库，大家能够从不同的角度来分析基金、比较基金。

关于晨星网的使用，我将重点讲解基金业绩排行榜、基金龙虎榜和基金对比三个板块。

1. 基金龙虎榜

进入晨星网的页面的，单击【龙虎榜】按钮就进入到基金龙虎榜的页面，如图 5-17 所示。龙虎榜的第一部分是筛选面板，大家可以根据自己的需要，按照评级、分类、类别等多个维度初步筛选出自己想要投资的基金。

当然，晨星最有名的就是它的基金评级，综合了基金的收益和风险。星星越多，基金越优秀。我们在基金龙虎榜上可以先选定三年评级和五年评级都是五颗星的基金。

单击【查询】按钮之后，就得到了目前晨星评级里最优秀的基金。

图 5-17 中的基金按照三年、五年均是五星级进行排序，除了这些长期的收益率之外，为了更加全面地反映出基金近期的收益情况，晨星网在排序的最后几列还公布了基金的净值和今年以来的年化收益率，方便大家进行综合评判。

大家单击【今年以来回报（%）】按钮就可以将之从高到低进行排列。

也许有的投资者会觉得，只看今年的回报率不够全面，还要多看看过去几年的收益情况呀。

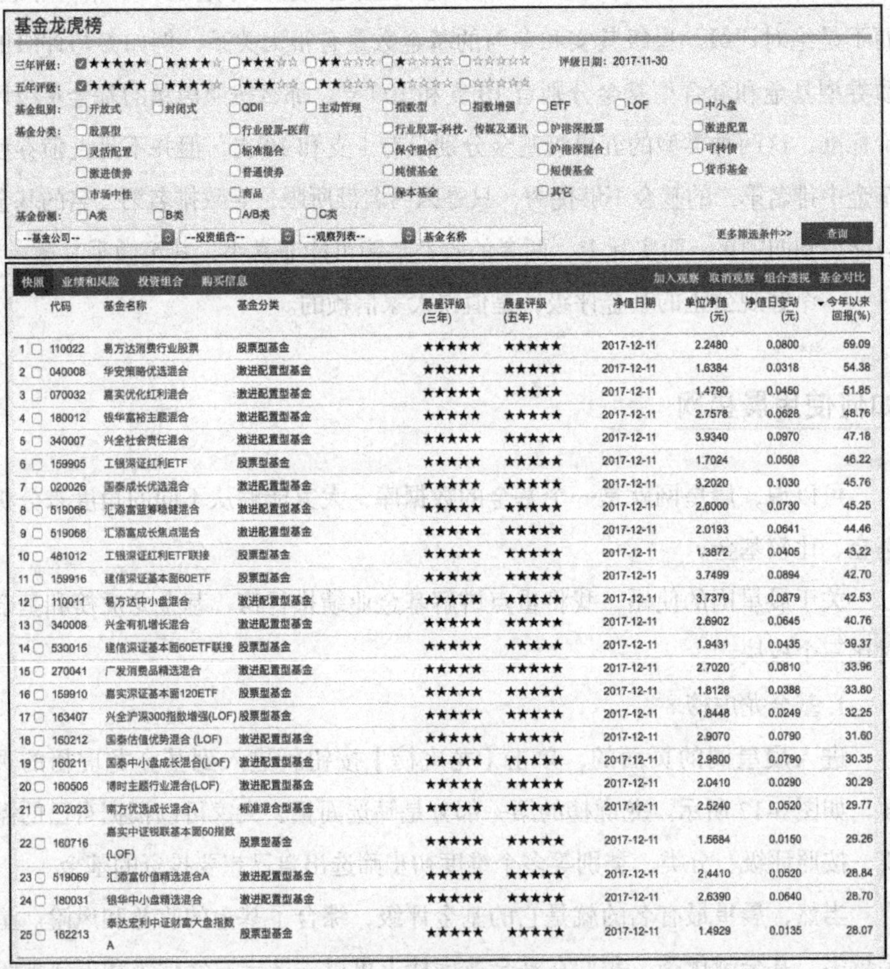

	代码	基金名称	基金分类	晨星评级(三年)	晨星评级(五年)	净值日期	单位净值(元)	净值日变动(元)	今年以来回报(%)
1	110022	易方达消费行业股票	股票型基金	★★★★★	★★★★★	2017-12-11	2.2480	0.0800	59.09
2	040008	华安策略优选混合	激进配置型基金	★★★★★	★★★★★	2017-12-11	1.6384	0.0318	54.38
3	070032	嘉实优化红利混合	激进配置型基金	★★★★★	★★★★★	2017-12-11	1.4790	0.0450	51.85
4	180012	银华富裕主题混合	激进配置型基金	★★★★★	★★★★★	2017-12-11	2.7578	0.0628	48.76
5	340007	兴全社会责任混合	激进配置型基金	★★★★★	★★★★★	2017-12-11	3.9340	0.0970	47.18
6	159905	工银深证红利ETF	股票型基金	★★★★★	★★★★★	2017-12-11	1.7024	0.0508	46.22
7	020026	国泰成长优选混合	激进配置型基金	★★★★★	★★★★★	2017-12-11	3.2020	0.1030	45.76
8	519066	汇添富蓝筹稳健混合	激进配置型基金	★★★★★	★★★★★	2017-12-11	2.6000	0.0730	45.25
9	519068	汇添富成长焦点混合	激进配置型基金	★★★★★	★★★★★	2017-12-11	2.0193	0.0641	44.46
10	481012	工银深证红利ETF联接	股票型基金	★★★★★	★★★★★	2017-12-11	1.3872	0.0405	43.22
11	159916	建信深证基本面60ETF	股票型基金	★★★★★	★★★★★	2017-12-11	3.7499	0.0894	42.70
12	110011	易方达中小盘混合	激进配置型基金	★★★★★	★★★★★	2017-12-11	3.7379	0.0879	42.53
13	340008	兴全有机增长混合	激进配置型基金	★★★★★	★★★★★	2017-12-11	2.6902	0.0645	40.76
14	530015	建信深证基本面60ETF联接	股票型基金	★★★★★	★★★★★	2017-12-11	1.9431	0.0435	39.37
15	270041	广发消费品精选混合	激进配置型基金	★★★★★	★★★★★	2017-12-11	2.7020	0.0810	33.96
16	159910	嘉实深证基本面120ETF	股票型基金	★★★★★	★★★★★	2017-12-11	1.8128	0.0388	33.80
17	163407	兴全沪深300指数增强(LOF)	股票型基金	★★★★★	★★★★★	2017-12-11	1.8448	0.0249	32.25
18	160212	国泰估值优势混合 (LOF)	激进配置型基金	★★★★★	★★★★★	2017-12-11	2.9070	0.0790	31.60
19	160211	国泰中小盘成长混合(LOF)	激进配置型基金	★★★★★	★★★★★	2017-12-11	2.9800	0.0790	30.35
20	160505	博时主题行业混合(LOF)	激进配置型基金	★★★★★	★★★★★	2017-12-11	2.0410	0.0290	30.29
21	202023	南方优选成长混合A	标准混合型基金	★★★★★	★★★★★	2017-12-11	2.5240	0.0520	29.77
22	160716	嘉实中证锐联基本面50指数(LOF)	股票型基金	★★★★★	★★★★★	2017-12-11	1.5684	0.0150	29.26
23	519069	汇添富价值精选混合A	激进配置型基金	★★★★★	★★★★★	2017-12-11	2.4410	0.0520	28.84
24	180031	银华中小盘精选混合	激进配置型基金	★★★★★	★★★★★	2017-12-11	2.6390	0.0640	28.70
25	162213	泰达宏利中证财富大盘指数A	股票型基金	★★★★★	★★★★★	2017-12-11	1.4929	0.0135	28.07

图 5-17　晨星网的基金龙虎榜

　　没错，花钱买基金，我们当然要从头到尾、从前到后仔仔细细考察一遍。我们单击【业绩和风险】按钮，就可以得到更详细的基金收益情况。

　　回报率有短期的（1天、1周、1个月、3个月、6个月）、中期的（1年、2年、3年）和长期的（5年、10年）。大家可以根据自己的需要重点关注不同投资年限的回报情况，也可以从高到低进行排序，如图 5-18 所示。

	代码	基金名称	1天回报(%)	1周回报(%)	1个月回报(%)	3个月回报(%)	6个月回报(%)	1年回报(%)	2年年化回报(%)	3年年化回报(%)	5年年化回报(%)	10年年化回报(%)	设立以来总回报(%)	三年标准差	三年晨星风险系数
1	110022	易方达消费行业股票	-2.47	-6.10	-4.77	4.42	-2.05	20.48	32.03	18.40	21.48	-	129.40	24.20	16.11
2	519697	交银优势行业混合	-0.22	3.05	1.10	2.32	13.49	27.79	19.36	18.36	28.26	-	287.92	21.46	13.81
3	110011	易方达中小盘混合	-1.92	-6.07	-4.55	5.47	4.08	20.57	27.18	17.80	22.63	16.47	359.24	20.65	12.73
4	180012	银华富裕主题混合	-1.98	-4.63	-4.80	4.85	-5.76	17.30	25.39	16.60	21.27	13.40	449.62	23.61	16.63
5	570005	诺德成长优势混合	-2.04	-3.57	-4.81	-2.29	1.86	11.64	11.70	14.86	25.92	-	202.92	17.84	11.89
6	519091	新华行业资源优选混合	-1.14	-1.63	-4.95	-8.86	-6.29	3.35	15.28	13.74	20.78	-	159.30	26.76	18.66
7	070032	嘉实优化红利混合	-0.95	-0.68	-1.68	1.18	-4.33	19.30	22.45	13.30	24.43	-	182.23	20.54	13.78
8	519712	交银阿尔法核心混合	-1.80	3.27	0.82	2.44	13.65	32.30	20.90	12.73	24.84	-	200.52	27.78	19.56
9	519702	交银趋势优选混合	-1.96	-5.18	-7.26	0.30	-7.58	9.64	12.06	12.34	19.89	-	96.67	24.16	16.76
10	160212	国泰估值优势混合(LOF)	-0.13	2.45	-5.09	-16.56	-20.66	-15.46	1.47	12.31	22.55	-	125.80	29.25	18.55
11	510630	华夏上证主要消费ETF	-1.67	-4.06	-7.55	2.39	-2.69	24.73	24.74	11.50	17.60	-	130.52	24.34	16.70
12	270041	广发消费品精选混合	-1.21	-2.81	-4.80	1.05	-2.07	12.97	16.77	11.31	19.69	-	170.00	20.06	14.46
13	020026	易方达成长混合	-2.39	-3.94	-12.01	-16.66	-18.84	-4.15	15.76	10.47	22.22	-	214.97	26.49	19.65
14	163412	兴全轻资产混合(LOF)	-2.71	-3.29	-7.64	-8.19	-11.57	9.07	6.15	10.47	27.16	-	307.34	24.10	16.01
15	690001	民生加银品牌蓝筹混合	-1.18	-2.06	-1.13	4.02	-0.14	7.88	9.73	10.45	19.33	-	114.86	17.24	11.73
16	040008	华安策略优选混合	-3.35	-5.58	-5.33	-10.40	-15.52	4.66	14.91	10.35	19.90	8.16	41.81	20.63	14.45
17	519700	交银主题优选混合	-1.52	0.27	-5.09	-8.33	-3.85	4.80	6.85	10.20	22.70	-	113.47	22.32	16.16
18	519066	汇添富蓝筹稳健混合	-2.88	-3.27	-7.79	-7.79	-10.90	8.01	15.80	9.98	19.76	-	304.96	21.41	14.74
19	320011	诺安中小盘精选混合	-1.14	-1.75	-5.39	-2.45	-5.57	3.79	9.60	9.96	24.44	-	200.35	17.65	12.03
20	163406	兴全合润分级混合	-2.36	-3.20	-9.78	-9.33	-13.84	7.32	4.95	9.60	24.64	-	210.70	24.38	16.42
21	519068	汇添富成长焦点混合	-3.13	-3.41	-8.13	-8.26	-11.70	5.74	14.29	9.57	20.98	13.42	273.93	26.83	18.50
22	519069	汇添富价值精选混合A	-1.80	-2.50	-5.59	-2.70	-1.79	11.35	16.05	9.53	23.07	-	429.93	20.59	14.90
23	540006	汇丰晋信大盘股票A	-2.84	-3.33	-9.15	-11.76	-13.70	-4.87	14.29	9.51	22.23	-	204.84	19.84	13.87
24	202023	南方优选成长混合A	-2.08	-6.14	-6.44	-8.66	-8.66	4.53	9.82	9.39	19.15	-	135.30	16.36	11.44

图 5-18　基金各个时期的回报率

　　图 5-18 中的最后两列是"三年标准差"和"三年晨星风险系数"。

　　在解释三年标准差之前，先和大家分享一下标准差的含义。标准差是指在过去一段时间里，基金每个月的收益率相对于平均月收益率的偏差幅度大小。基金每个月收益波动越大，那么它的标准差也就越大。

　　因此，三年标准差说明的是过去三年基金收益的波动情况，总的来讲标准差数值越小，基金波动就越小，也就是越稳定。

　　三年晨星风险系数是晨星独有的，大家不用细究原理，只要知道晨星风险系数越大，基金的风险也就越大即可。

对于基金的构成，晨星网在【投资组合】进行了详细说明，如图 5-19 所示，大家可以清楚地看到每支基金的股票仓位、债券仓位、前十大持股、前五大债券的占比，同时还显示了当前基金的净资产规模有多大。

	代码	基金名称	股票投资风格箱	股票仓位 (%)	债券仓位 (%)	前十大持股 (%)	前五大债券 (%)	净资产 (亿元)
1	110022	易方达消费行业股票		85.84	4.97	73.77	4.97	60.27
2	040008	华安策略优选混合		88.06	0.00	67.91	-	70.21
3	070032	嘉实优化红利混合		93.80	0.00	55.05	-	10.91
4	180012	银华富裕主题混合		94.34	0.00	56.35	-	62.72
5	340007	兴全社会责任混合		93.44	4.79	81.27	3.77	76.83
6	159905	工银深证红利ETF		98.98	0.00	63.00	-	6.23
7	020026	国泰成长优选混合		88.27	0.00	52.23	-	44.69
8	519066	汇添富蓝筹稳健混合		76.84	6.32	64.09	6.32	21.09
9	519068	汇添富成长焦点混合		91.71	0.00	77.37	-	68.79
10	481012	工银深证红利ETF联接		0.00	0.00	93.51	-	2.86
11	159916	建信深证基本面60ETF		99.51	0.00	51.48	-	1.36
12	110011	易方达中小盘混合		91.31	4.52	69.22	4.52	44.14
13	340008	兴全有机增长混合		79.45	0.54	62.81	0.54	29.65
14	530015	建信深证基本面60ETF联接		2.38	4.82	97.51	4.82	1.45
15	270041	广发消费品精选120混合		84.94	0.00	40.61	-	4.17
16	159910	嘉实深证基本面120ETF		99.68	0.00	40.30	-	1.54
17	163407	兴全沪深300指数增强(LOF)		93.71	5.43	31.45	4.96	9.97
18	160212	国泰估值优势混合(LOF)		94.26	0.00	69.13	-	35.60
19	160213	国泰中小盘成长混合(LOF)		94.10	0.00	67.72	-	41.83
20	160505	博时主题行业混合(LOF)		83.28	3.45	44.79	3.45	86.83
21	202023	南方优选成长混合A		71.15	20.89	39.10	18.26	7.66
22	160716	嘉实中证锐联基本面50指数(LOF)		94.67	1.05	44.17	1.05	19.48
23	519069	汇添富价值精选混合A		89.98	1.40	45.68	1.40	44.50
24	180031	银华中小盘精选混合		90.19	0.00	41.05	-	35.75
25	162213	泰达宏利中证财富大盘指数A		94.81	0.00	36.09	-	2.02

图 5-19　基金持仓组合

如果你选好了心仪的基金，是不是可以买入了？

别着急，我们还需要看看基金的购买成本。如图 5-20 所示，大家可以在【购买信息】里看到基金的申购状态是开放申购赎回还是暂停申购，是前端收费还是后端收费，以及最低投资额是多少。

总的来看，基金龙虎榜从业绩风险、投资组合、购买信息等多个角度对基金进行了排名，能够帮助大家从宏观的角度来了解基金的整体情况并在此基础上初步筛选出一部分较好的基金。如果仅从基金龙虎榜上就确定要投资哪支基金，还略显仓促，我们需要借助晨星网的其他工具进一步分析海选出来的基金，到底哪些基金有比较过硬的本领。

快照 业绩和风险 投资组合 购买信息 加入观察 取消观察 组合透视 基金对比

	代码	基金名称	成立日期	申购状态	赎回状态	最小投资额(元)	前端收费(%)	后端收费(%)	赎回费(%)	管理费(%)	托管费(%)	销售服务费(%)
1	110022	易方达消费行业股票	2010-08-20	开放	开放	10	1.50	-	0.50	1.50	0.25	-
2	040008	华安策略优选混合	2007-08-02	开放	开放	1	1.50	-	0.50	1.50	0.25	-
3	070032	嘉实优化红利混合	2012-06-26	开放	开放	5,000	1.50	-	0.50	1.50	0.25	-
4	180012	银华富裕主题混合	2006-11-16	开放	开放	10	1.50	-	0.50	1.50	0.25	-
5	340007	兴全社会责任混合	2008-04-30	开放	开放	10	1.50	-	0.50	1.50	0.25	-
6	159905	工银深证红利ETF	2010-11-05	开放	开放	500,000(份)	-	-	-	0.50	0.10	-
7	020026	国泰成长优选混合	2012-03-20	开放	开放	10	1.50	-	0.50	1.50	0.25	-
8	519066	汇添富蓝筹稳健混合	2008-07-08	开放	开放	100	1.50	1.80	0.50	1.50	0.25	-
9	519068	汇添富成长焦点混合	2007-03-12	开放	开放	100	1.50	-	0.50	1.50	0.25	-
10	481012	工银深证红利ETF联接	2010-11-09	开放	开放	10	1.00	-	0.50	0.50	0.10	-
11	159916	建信深证基本面60ETF	2011-09-08	开放	开放	500,000(份)	-	-	-	0.50	0.10	-
12	110011	易方达中小盘混合	2008-06-19	开放	开放	10	1.50	-	0.50	1.50	0.25	-
13	340008	兴全有机增长混合	2009-03-25	开放	开放	10	1.50	-	0.50	1.50	0.25	-
14	530015	建信深证基本面60ETF联接	2011-09-08	开放	开放	10	1.50	-	0.50	0.50	0.10	-
15	270041	广发消费品精选混合	2012-06-12	开放	开放	10	1.50	-	0.50	1.50	0.25	-
16	159910	嘉实深证基本面120ETF	2011-08-01	开放	开放	5,000	-	-	-	0.50	0.10	-
17	163407	兴全沪深300指数增强(LOF)	2010-11-02	开放	开放	10	1.20	1.50	1.50	0.80	0.15	-
18	160212	国泰估值优势混合 (LOF)	2010-02-10	开放	开放	1,000	-	-	-	1.50	0.25	-
19	160211	国泰中小盘成长混合(LOF)	2009-10-19	开放	开放	1,000	1.50	-	0.50	1.50	0.25	-
20	160505	博时主题行业混合(LOF)	2005-01-06	开放	开放	10	1.50	-	0.50	1.50	0.25	-
21	202023	南方优选成长混合A	2011-01-30	开放	开放	10	1.50	1.80	0.50	1.50	0.25	-
22	160716	嘉实中证锐联基本面50指数(LOF)	2009-12-30	开放	开放	1,000	1.20	-	0.50	1.00	0.18	-
23	519069	汇添富价值精选混合A	2009-01-23	开放	开放	100	1.50	1.80	0.50	1.50	0.25	-
24	180031	银华中小盘精选混合	2012-06-20	开放	开放	1	1.50	-	0.50	1.50	0.25	-
25	162213	泰达宏利中证财富大盘指数A	2010-04-23	开放	开放	1	1.20	-	0.50	0.65	0.12	-

图 5-20 基金的购买信息

2. 基金业绩排行榜

通过基金龙虎榜我们完成了基金的“海选”，但是这还不够。如果大家想知道基金的具体业绩，那就需要用“基金业绩排行榜”来考察。

对于基金来讲，只有在同类型的基金之间进行比较才有意义。所以，在基金业绩排行榜上，大家需要在基金分类的基础上进一步细化，尽可能选择同类基金进行比较（如图 5-21 所示）。

开放式 QDII 封闭式 指数型 ETF LOF --选择观察列表-- 加入观察 取消观察 基金对比 组合透视

股票型 行业股票 - 医药 行业股票 - 科技、传媒及通讯 沪港深股票型基金 激进配置型 灵活配置型 标准混合型 保守混合型 沪港深混合型基金 可转债 激进债券型 普通债券型 纯债基金 短债基金 货币市场基金 市场中性策略 商品 保本基金 其他

图 5-21 同类基金比较筛选

我们以“激进配置型”基金为例，进一步分析基金的评级和风险，如图 5-22 所示。

评级和风险评价 业绩汇总 业绩排名				净值日期：2017-11-24　当前排序：五年回报排名▲　基金支数：705 ＜上一页 1 2 3 4 5 下一页＞ 每页 20 ◯									
序号	基金代码	基金名称	单位净值(元)	晨星评级(2017-10-31)		三年风险评价(2017-10-31)				夏普比率		今年以来	
				三年	五年	波动幅度(%)	评价	晨星风险系数	评价	最近三年	评价	总回报率(%)	排名(618)
1	160211	国泰中小盘成长混合(LOF)	2.9670	★★★★★	★★★★★	33.49	中	18.64	偏低	1.16	高	29.78	34
2	163412	兴全趋势投资混合(LOF)	3.1710	★★★★★	★★★★★	30.91	偏低	17.32	低	1.00	高	23.96	233
3	180031	银华中小盘精选混合	2.5910	★★★★★	★★★★★	33.59	中	20.45	偏低	1.09	高	26.36	78
4	020026	国泰成长优选混合	3.2170	★★★★★	★★★★★	31.50	偏低	19.79	偏低	1.11	高	46.45	8
5	519669	银河润泽混合	3.5810	★★★☆☆	★★★★★	37.95	高	23.25	中	0.63	中	19.32	224
6	163406	兴全合润分级混合	1.3411	★★★★★	★★★★★	26.43	低	15.17	低	1.19	高	24.35	231
7	160212	国泰信优势混合 (LOF)	2.8920	★★★★★	★★★★★	33.81	中	17.99	低	1.19	高	30.92	29
8	040035	华安逆向策略混合	2.6810	★★★★★	★★★★★	30.90	偏低	17.65	低	1.13	高	1.32	458
9	040025	华安科技动力混合	3.2940	★★★★☆	★★★★★	32.85	偏低	20.40	偏低	0.89	中	17.82	256
10	519704	交银先进制造混合	2.4450	★★★★★ ↑	★★★★★	32.14	偏低	18.92	偏低	1.01	高	13.67	284
11	470009	汇添富营活力混合A	3.3040	★★★☆☆ ↓	★★★★★	39.05	高	22.13	中	0.74	中	21.38	206
12	590008	中邮战略新兴产业混合	3.4440	★★☆☆☆	★★★★☆ ↓	42.59	高	26.04	高	0.28	低	-23.23	611
13	340008	兴全有机增长混合	2.6260	★★★★★	★★★★☆	24.89	低	12.40	低	1.19	高	37.40	40
14	100056	富国低碳环保混合	2.8050	★★★★★	★★★★☆	41.14	高	24.62	高	0.88	高	28.43	54
15	166011	中欧盛世成长混合(LOF)-A	1.4221	★★★★☆	★★★★★	31.87	偏低	18.31	低	0.72	中	17.53	389
16	100026	富国天合稳健混合	1.4598	★★★★☆	★★★★☆	35.11	中	22.08	中	0.78	高	23.87	196
17	570005	诺德成长优势混合	1.8800	★★★★★	★★★★★	26.00	低	14.47	低	1.12	高	20.05	197
18	080012	长盛电子信息产业混合	1.6890	★★★★★	★★★★☆	30.30	偏低	18.43	偏低	0.57	偏低	3.68	489
19	519983	长信量化先锋混合A	1.5130	★★★★☆ ↓	★★★★★	33.97	中	19.91	偏低	0.76	中	-14.46	601
20	519069	汇添富价值精选混合A	2.4210	★★★★★	★★★★★	27.02	低	15.26	低	1.18	高	27.79	125

图 5-22　基金评测和风险评价

在图 5-22 中，晨星评级和今年以来总回报率都在基金龙虎榜的页面出现过，这里我就不再详细介绍了。

在三年风险评价里，有两大类指标及其排名，分别是波动幅度和评价、风险系数和评价。

基金的波动幅度和风险系数都有具体的数值，数值越低，说明基金的波动越小，风险越低。对数字不敏感的投资者可以直接看这两个指标对应的"评价"，"评价"是对应数字的定性描述，方便大家判断基金的波动和风险。

第三列的夏普比率在之前的章节里出现过，我也多次介绍过，这个指标比较综合，可以理解为：在风险一定的情况下，夏普比率越大，收益越高；或者是在收益一定的情况下，夏普比率越大，风险越小。

学习过风险和收益指标之后，我们再来看看【业绩排名】（如图 5-23 所示），大家可以看到自己心仪的基金在不同年份以及同类基金里的情况。

需要提醒大家的是，现在排名高不代表之后也会一直位列前茅。比如中邮战略新兴产业混合基金，大家可以看到这支基金的五年排名是 12 名，但是三年排名已经跌落到 473 名，两年和一年的排名已经是 600 名以外了。一共才 616 支基金进行评比，这也算是跌出天际了。

| 评级和风险评价 | 业绩汇总 | 业绩排名 | | 净值日期: 2017-11-24 | | 当前排序: 五年回报排名▲ | | 基金支数: 705 <上一页 1 2 3 4 5 下一页> 每页 20 | | | | | | | | |

序号	基金代码	基金名称	今年以来 (619)	百分比排名	一年 (615)	百分比排名	两年 (582)	百分比排名	三年 (528)	百分比排名	五年 (419) ▲	百分比排名	十年 (156)	百分比排名
1	160211	国泰中小盘成长混合(LOF)	34	5.51	36	5.84	5	0.86	4	0.76	1	0.24	-	-
2	163412	兴全轻资产混合(LOF)	233	37.76	291	47.24	86	14.78	29	5.51	2	0.48	-	-
3	180031	银华中小盘精选混合	78	12.64	37	6.01	15	2.58	7	1.33	3	0.72	-	-
4	020026	国泰成长优选混合	8	1.30	3	0.49	1	0.17	9	1.71	4	0.96	-	-
5	519679	银河主题混合	224	36.30	297	48.21	333	57.22	191	36.31	5	1.20	-	-
6	163406	兴全合润分级混合	231	37.44	292	47.40	93	15.98	18	3.42	6	1.44	-	-
7	160212	国泰估值优势混合(LOF)	29	4.70	30	4.87	2	0.34	1	0.19	7	1.67	-	-
8	040035	华安逆向策略混合	458	74.23	429	69.64	90	15.46	8	1.52	8	1.91	-	-
9	040025	华安科技动力混合	256	41.49	200	32.47	12	2.06	53	10.08	9	2.15	-	-
10	519704	交银先进制造混合	284	46.03	197	31.98	44	7.56	21	3.99	10	2.39	-	-
11	470009	汇添富民营活力混合A	206	33.39	233	37.82	293	50.34	88	16.73	11	2.63	-	-
12	590008	中邮战略新兴产业混合	611	99.03	616	100.00	572	98.28	473	89.92	12	2.87	-	-
13	340008	兴全有机增长混合	40	6.48	53	8.60	10	1.72	24	4.56	13	3.11	-	-
14	100056	富国低碳环保混合	54	8.75	67	10.88	257	44.16	19	3.61	14	3.35	-	-
15	166011	中欧盛世成长混合(LOF) -A	389	63.05	411	66.72	201	34.54	169	32.13	15	3.59	-	-
16	100026	富国天合稳健混合	196	31.77	163	26.46	142	24.40	97	18.44	16	3.83	3	1.82
17	570005	诺德成长优势混合	197	31.93	160	25.97	61	10.48	32	6.08	17	4.07	-	-
18	080012	长盛电子信息产业混合	489	79.25	564	91.56	504	86.60	291	55.32	18	4.31	-	-
19	519983	长信量化先锋混合A	601	97.41	589	95.62	132	22.68	123	23.38	19	4.55	-	-
20	519069	汇添富价值精选混合A	125	20.26	104	16.88	81	13.92	16	3.04	20	4.78	-	-

图 5-23　基金业绩排名

所以，对于基金的业绩排名大家要客观对待。

3. 基金对比

通过刚才基金业绩排行榜、基金龙虎榜，大家应该能够大概筛选出自己比较看好的一支或者多支基金。如果大家还在几支不错的基金之间举棋不定该怎么办呢？

我们可以通过【基金对比】来继续深入比较，总能发现基金之间的细微差别，从而选出适合自己的优秀基金。

为了客观起见，我们选择了两支指数增强型基金来对比，分别是申万菱信沪深 300 指数增强基金和景顺长城沪深 300 指数增强基金。

在【基金对比】页面中输入这两支基金的代码，很快两支基金的详细信息就出现在大家眼前。

首先我们可以看一下这两支基金的万元波动对比图（如图 5-24 所示），从图中可以看出过去 3 年这两支基金的整体情况。

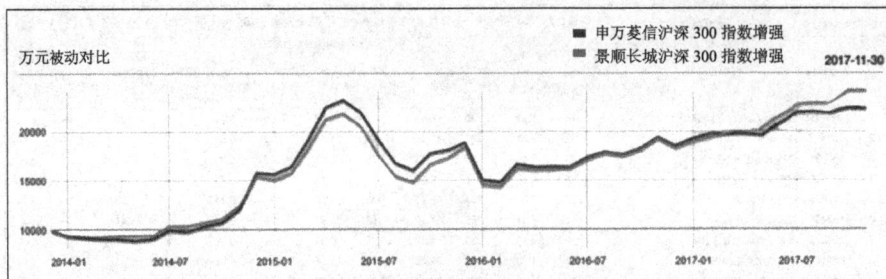

图 5-24　基金万元波动对比图

万元波动对比图展示了两支基金过去 4 年的波动情况，可以看出两支指数增强型基金一时难分伯仲，都很不错，让我们不知道要如何选择。

如果长周期看不出来，我们再拿基金不同阶段的收益进行对比，看看这两支基金哪一个更胜一筹。

我们来回测一下两支基金的历史回报情况，把收益按照阶段进行测算，同时和同类型基金的平均水平作比较，看看这两支基金的表现如何（如图 5-25 所示）。

申万菱信沪深 300 指数增强基金				景顺长城沪深 300 指数增强基金			
历史回报（%）			2017-12-11	历史回报（%）			2017-12-11
	总回报	+/- 同类	同类排名		总回报	+/- 同类	同类排名
1 个月	-0.77	2.25	—	1 个月	-1.40	1.62	—
3 个月	1.96	0.84	—	3 个月	5.77	4.65	—
6 个月	12.42	1.55	—	6 个月	17.64	6.78	—
今年以来	21.69	6.88	—	今年以来	33.25	18.44	—
1 年	17.00	6.92	—	1 年	27.17	17.10	—
2 年（年化）	11.04	7.59	—	2 年（年化）	17.44	13.98	—
3 年（年化）	17.98	8.17	—	3 年（年化）	20.59	10.78	—
5 年（年化）	—	—	—	5 年（年化）	—	—	—
10 年（年化）	—	—	—	10 年（年化）	—	—	—
晨星评级			2017-11-30	晨星评级			2017-11-30
3 年			★★★★	3 年			★★★★★
5 年			—	5 年			—
10 年			—	10 年			—

图 5-25　基金晨星评级和历史回报

从图 5-25 可以看出，右侧的景顺长城沪深 300 指数增强基金在不同阶段的表现都更胜一筹。无论是 1 年以下的短期收益还是 2 年以上的长期收益，都要比左侧申万菱信沪深 300 指数增强基金更优秀一点。从晨星评级来看，两个基金的 3 年评级更加一目了然，右侧的景顺长城沪深 300 指数增强型基金是五颗星。

基金投资除了看收益，还要看风险如何。对于风险评估，晨星网通过多个标准进行了分析对比。图 5-26 中的指标含义，我在前面的章节里已经介绍很多遍，这里就不再赘述了。

如果大家对数字不敏感，可以直接看对应指标下面的评价，也可以做出判断。

申万菱信沪深 300 指数增强基金				景顺长城沪深 300 指数增强基金			
风险评估			2017-11-30	风险评估			2017-11-30
	3 年	5 年	10 年		3 年	5 年	10 年
标准差（%）	30.40	—	—	标准差（%）	28.85	—	—
评价	中	—	—	评价	偏低	—	—
晨星风险系数	16.54	—	—	晨星风险系数	17.17	—	—
评价	低	—	—	评价	偏低	—	—
夏普比率	0.78	—	—	夏普比率	0.87	—	—
评价	高	—	—	评价	高	—	—
风险统计			2017-11-30	风险统计			2017-11-30
		+/- 基准	+/- 同类			+/- 基准	+/- 同类
阿尔法系数（%）		10.45	10.08	阿尔法系数（%）		12.46	11.48
贝塔系数		1.10	0.89	贝塔系数		1.04	0.88
R 平方		96.73	70.85	R 平方		96.79	78.01
同类风险排名图（最近 3 年）			2017-11-30	同类风险排名图（最近 3 年）			2017-11-30

图 5-26　基金风险评估

风险评估和风险统计的两大类 6 个指标中，两支指数增强型基金的指标数值差异不超过 2 个点，可以说是不分伯仲。如果必须要区分出两者的风险大小，景顺长城沪深 300 指数增强基金的风险略微高一些。在同类风险排名图里大家可以看到，申万菱信沪深 300 指数增强基金风险更低。晨星网很细心地做出了竹节图，大家可以从颜色上直观地判断出哪个基金风险更小。

除了收益和风险之外，大家还可以关注基金的具体持仓规模和分布。如图 5-27 所示，晨星网也列出了各行业资产在基金投资中的具体占比情况。不同领域的基金占比多少，一目了然。可以看出，例子中的这两支基金在行业分布上最大的区别是制造业股票的占比，相差 8 个百分点，其他领域的资产分布大体上相同。

申万菱信沪深 300 指数增强基金		景顺长城沪深 300 指数增强基金	
行业分布	2017-09-30	行业分布	2017-09-30
行业	占净资产（%）	行业	占净资产（%）
农、林、牧、渔业	0.04	农、林、牧、渔业	—
采矿业	4.19	采矿业	3.28
制造业	29.61	制造业	37.70
电力、热力、燃气及水生产和供应业	0.09	电力、热力、燃气及水生产和供应业	1.52
建筑业	5.63	建筑业	3.35
批发和零售业	4.19	批发和零售业	1.23
交通运输、仓储和邮政业	7.92	交通运输、仓储和邮政业	3.44
住宿和餐饮业	—	住宿和餐饮业	—
信息传输、软件和信息技术服务业	3.19	信息传输、软件和信息技术服务业	3.89
金融业	26.04	金融业	30.08
房地产业	10.07	房地产业	6.16
租赁和商务服务业	—	租赁和商务服务业	2.69
科学研究和技术服务业		科学研究和技术服务业	
水利、环境和公共设施管理业	1.14	水利、环境和公共设施管理业	
居民服务、修理和其他服务业		居民服务、修理和其他服务业	
教育	—	教育	
卫生和社会工作	0.02	卫生和社会工作	—
文化、体育和娱乐业	0.01	文化、体育和娱乐业	0.77
综合	—	综合	

图 5-27　基金行业分布

在基金对比的最下面，如图 5-28 所示，是两支基金的操盘手 —— 基金经理的基本情况对比。这里面包括基金经理管理基金的管理时间和任职背景。

申万菱信沪深 300 指数增强基金	景顺长城沪深 300 指数增强基金
基金经理	基金经理
金昉毅 2014-10-17 管理时间 3 年 57 天 博士研究生。2008 年起开始工作，曾任职于中央财经大学中国金融发展研究院，2011 年 1 月加入申万菱信基金管理有限公司，历任高级研究员、基金经理助理、申万菱信沪深 300 价值指数证券投资基金基金经理等，现任投资管理总部量化投资部总经理，申万菱信量化小盘股票证券投资基金（LOF）、申万菱信沪深 300 指数增强证券投资基金、申万菱信量化成长混合证券投资基金、申万菱信价值优享混合券投资基金、申万菱信价值优利混合证券投资基金基金经理。	黎海威 2013-10-29 管理时间 4 年 45 天 经济学硕士，CFA。曾担任美国穆迪 KMV 公司研究员，美国贝莱德集团（原巴克莱国际投资管理有限公司）基金经理、主动股票部副总裁，香港海通国际资产管理有限公司（海通国际投资管理有限公司）量化总监。2012 年 8 月加入本公司，担任量化及 ETF 投资部投资总监；自 2013 年 10 月起担任基金经理。
袁英杰 2017-01-03 管理时间 0 年 343 天 硕士研究生。曾任职于兴业证券、申银万国证券研究所等，2013 年 5 月加入申万菱信基金管理有限公司，曾任高级数量研究员，基金经理助理，现任申万菱信深证成指分级证券投资基金、申万菱信中小板指数分级证券投资基金、申万菱信中证申万证券行业指数分级证券投资基金、申万菱信中证环保产业指数分级证券投资基金、申万菱信中证军工指数分级证券投资基金基金经理。	

图 5-28　基金经理介绍及变动

从图 5-28 中大家可以看到这些基金经理的职业背景和目前管理的基金，非常相近。

通过这三个筛选角度，希望大家能够选出自己心仪的基金。

关于晨星评级的注意事项

晨星网的评级非常有参考价值，但是评级不是万能的，更不能代替大家在选择基金过程中的"独立思考"。因为，晨星评级也有很多局限性和不足之处。

1. 基金评级是基于过往数据的

无论哪家评级机构，都是采用历史数据进行分析回测的，因此基金评级只能代表这支基金过往的表现，而这支基金未来是否还能保持现有的趋势是不确定的。比如我看好某支获得了 5 星评级的基金 A，但是后市基金 A 的投资策略并不尽如人意，收益一路下滑，最后我在基金 A 上的获益甚至比一个 3 星评级的基金还要低。

同时，基金的星级评定也不是固定不变的，每隔一段时间评级机构就会根据基金的市场表现来调整基金评级，很有可能今年是 5 星的基金，一年之后就变成了 3 星。

2. 基金风险不能忽视

基金投资离不开两个关键词，一个是收益，另一个是风险。基金评级综合考虑了收益和风险，星级高并不代表着基金的风险一定低，很有可能是高收益、高风险的基金。如果你是一个低风险爱好者，那么只在意基金的星级是很片面的，需要在关注星级的同时，也关注基金的风险是否在自己承受范围之内。

3. 同类基金的星级对比才有意义

晨星网在评定星级的时候，也在强调，只在同一类型的基金中进行排名。也就是说不同类型的基金，不能仅仅凭借星级排名来判断是否是优秀基金。比如，一个 3 星的债券型基金不见得比一个 4 星的股票型基金差。因为债券型基金波动风险低，投资方向和策略与股票型基金不同，如果在同类型债券型基金中表现能算得上可圈可点的话，仍然值得风险厌恶型投资者投资。

总之，基金的评级很重要，可以利用一套科学合理的方法帮助大家筛选出心仪的基金。但是任何模型与方法都有局限性，没有放之四海而皆准的万能公式，大家还是要主动思考，把握好收益与风险之间的平衡点，选出的基金不见得是最好的，但一定是最适合自己需求的。

利弊都和大家分享过了，希望大家能够充分利用晨星网这个得力助手，选出适合自己的基金。

基金被套了怎么办

天有不测风云，选出来的基金再好，也有败走麦城的时候。所以，也经常有投资者问我，当年年少无知，当年年少轻狂，当年放荡不羁爱自由的时候，买了基金 A，定投少说也有一年半载了，但是目前依旧亏损 30% 左右，怎么办才好？

如果你是土豪，已经实现了人生的很多"小目标"，那就用时间换空间，等基金慢慢涨回去也不是不可以。但是对于投资理财，我们终究是要考虑时间成本的，不然时间花了，钱也花了，但是没有收益甚至要赔钱，岂不是可惜？

所以，这一节我就跟大家聊聊，如何才能主动解套基金。

补仓就是为了摊平

补仓是应对基金被套的经典动作，尤其是在大家比较看好某支基金的时候，补仓可以进一步降低大家的持仓成本。

举个例子，假如我年少轻狂花 10000 元块买了净值是 1 元的基金，但是很不幸遇到大熊市，现在净值变成了 0.6 元，下跌了 40%。

这时候如果我补仓再买 10000 元，基金成本价是多少呢？新的基金成本价 = 金额 / 持有份额 =（10000 + 10000）/（10000/1 + 10000/0.6）=0.75 元。

如果按上面的补仓 10000 元来计算，要想解套的话，基金只要涨 33%。

如果不补仓的话，要想解套，至少需要基金涨 66.7%。

当然，这不是说一旦下跌大家就要继续买入，毕竟补仓之后基金还有可能继续无止境下跌，所以这种方法比较适合对风险承受力较高的投资者。

如果大家对风险承受能力一般，还有一个折中的办法来进行补仓操作。比如我的基金 A 目前亏损在 30% 左右，那么我就可以把补仓的比例降低一点，可以用 10%~20% 来定投解决。

比如，我购买的基金本金是 20000 元，目前已经亏损 30%，按照 20% 的比例进行定投的话，那么之后每期定投的金额 =20000 × 20%=4000 元。

我们还可以把上面这个方法进一步规范一下：每当被套基金下跌一个阶段时，大家就可以加倍买入。比如我投资的基金已经跌了 10%，那么下次定投的时候可以加倍定投。

也就是说，如果原来定投 1000 元，那么之后就可以定投 2000 元；如果下跌超过 20%，那么定投的净额就可以增加到 3000 元，直到下一波反弹来临，投资者就可以快速解套。当然，具体的标准大家可以根据自己的情况来设定。

总之，补仓就是为了进一步摊平成本，属于变相止损。如果你的基金已经亏损 10% 以上，就可以试着用我说的方法进行补仓了。

祝每一个投资者都能全身而退。

换你喜欢的

2017 年大盘在 3300 点左右波动，典型的震荡市。不过即使是在股灾的时候你也会发现，总有那么一些基金能扛得住打压，经得起回调。自己手里的基金一片绿的时候，其他一些类型的基金却在高歌猛进一路看涨。

比如 2017 年重仓白酒的基金，比如重仓了蓝筹股的基金，抑或是上证 50 指数型基金，都可以说是让投资者收获满满，也让那些重仓中小板 和创业板的投资者追悔莫及。

怎么办，总是看别人吃肉也不是办法。

所以，如果你觉得自己手里的基金涨得少，而别的基金却表现强势并且涨得多的时候，就可以考虑转换基金了。

我们在第三方平台上实际操作一下。

如图 5-29 所示，先在网站上登录自己的账号，单击（基金）【转换】按钮。

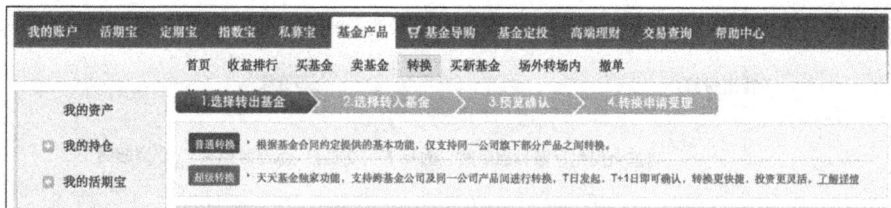

图 5-29　基金转换页面

这里面有两种转换模式，一种是在同一家基金公司旗下的产品之间进行转换，叫作普通转换；另一种是在不同的基金公司的产品之间进行转换，叫作超级转换。

比如，我觉得明年上证 50 指数型基金还有机会大幅上涨，想把手里的一支基金转换过去。

很简单，我们只要知道转入基金的代码，在图 5-30 所示的页面中填写进去即可。之后单击【下一步】，可以见到图 5-31 所示的页面。

选择转出的份额，然后就可以完成基金转换的操作了。这种方式比卖掉被套的基金，再买入新基金要节省时间。

一旦转换过去的基金开始盈利，就能够抵销之前被套基金的损失。当然，这种方式也有风险，尤其是在转入的基金没有如我们预想的那样快速上涨的时候，所以大家也要做好承担风险的准备。

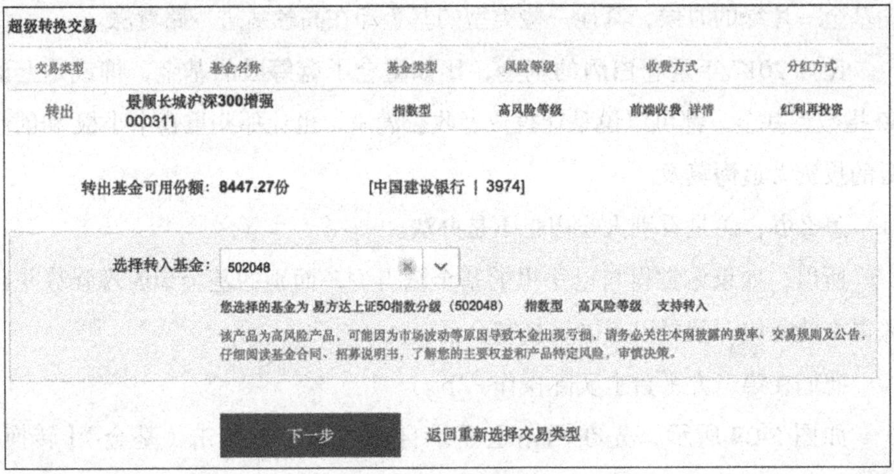

超级转换交易

交易类型	基金名称	基金类型	风险等级	收费方式	分红方式
转出	景顺长城沪深300增强 000311	指数型	高风险等级	前端收费 详情	红利再投资

转出基金可用份额：**8447.27份**　　　[中国建设银行 | 3974]

选择转入基金：502048 ▼

您选择的基金为易方达上证50指数分级（502048）　指数型　高风险等级　支持转入

该产品为高风险产品，可能因为市场波动等原因导致本金出现亏损，请务必关注本网披露的费率、交易规则及公告，仔细阅读基金合同、招募说明书，了解您的主要权益和产品特定风险，审慎决策。

下一步　　返回重新选择交易类型

图 5-30　选择转入基金

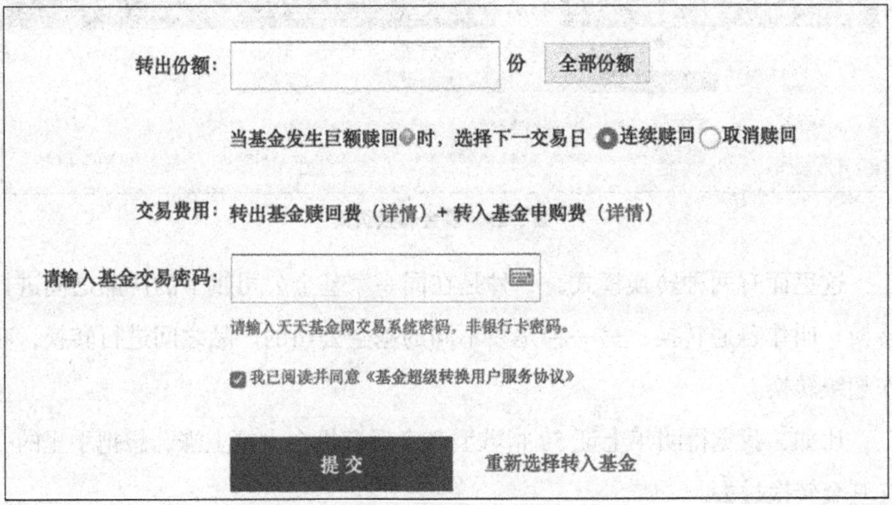

转出份额：　　　　　　　　份　全部份额

当基金发生巨额赎回 时，选择下一交易日 ●连续赎回 ○取消赎回

交易费用：转出基金赎回费（详情）+ 转入基金申购费（详情）

请输入基金交易密码：

请输入天天基金网交易系统密码，非银行卡密码。

☑ 我已阅读并同意《基金超级转换用户服务协议》

提　交　　重新选择转入基金

图 5-31　基金转换份额

做空你的基金

如果大盘一直跌下去，就是硬不起来怎么办？如果此时此刻你的基金已经亏损 30% 以上，不忍心割肉怎么办？

做空这支让你爱恨相加的基金，或许也是一种好方法。

如果你预判大盘仍将继续萎靡下跌下去，那么这个时候你可以用做空的方式先把手里套牢的基金赎回，也就是卖空，然后等待更低的价位出现时再买入。这种方法就是做空，最终目的还是要降低购买基金的成本，如果操作得好甚至可以直接解套。

但是这个的前提是，你必须要准确判断大盘的走势。

大家估计要骂娘了，要是能判断出来趋势，怎么可能亏损？

至于趋势判断，朋友，当年5000点的时候你都不怕高还敢追加投资，还怕此时此刻的3000点？

总的来说，基金被套很正常。市场有赔有赚是常态，毕竟巴菲特只有一个，大家见到自己的基金出现亏损时不要着急割肉止损，冷静分析基金大幅下跌的原因以及市场整体趋势，结合自身情况想出应对策略才是正道。

愿你永远止盈不止损。

基金投资的两个错误行为

自从2015年以来，大盘一直震荡，有人欢喜有人忧。高兴的人觉得，大盘下跌之后可以低成本入场。忧心的人觉得，基金一片绿油油的，肉疼！

同样是基金投资，为什么大家的反应不一样呢？

有的小伙伴觉得自己运气不好，要是选另一支基金，肯定稳赚不赔；有的小伙伴觉得自己买入时机不好，基金买在了高点。其实我想说，这些都不是最关键的。

很多时候，是大家的交易习惯影响了我们投资的成败。

过度定盘

大家为什么买基金呢？

其实，我们买基金的初衷主要是想让专业人士来帮助我们进行投资。所以基金投资和股票、期货、黄金等有很大区别。因为有专业的基金经理和研究团队帮我们打理基金，所以并不需要大家时时刻刻盯盘，每天计算自己的投资收益是多少。

既然我们把资金交给基金经理来投资，虽然基金经理的能力各有千秋，但是我们也要明白："专业的人做专业的事"，要充分相信他们的专业能力，所以没有必要每天都密切关注基金的走势和收益的高低。

凡事过犹不及，每天都处于基金涨跌的情绪当中，很容易迷失自己，忘记自己坚持的投资理念。

基金连跌三天，就觉得进入熊市深渊里，急急忙忙要出售割肉，很可能会因为这样的操作而放弃长期投资。

所以，掌握自己基金的收益状况很正常，但是拿着放大镜去盯着看就没必要了。毕竟投资是我们生活的一部分，而不是生活的全部。

嗯，不能走火入魔。

羊群效应的实践者

基金公司在宣传的时候，经常会把基金业绩表现最好的情况呈现给大家。宣传，就是要让你心动，不然基金公司的广告费就白花了。那么基金的实际表现真的会像宣传单页上说的那么好吗？

不一定，至少很难一直保持那么好的状态。

投资基金与买车、买衣服不太一样，不是说很多人看好就说明其质量好。一旦基金开始运作，那么基金的运作方式就有可能和宣传材料大相径庭，基金经理频繁调仓等行为都会让基金的真实情况和宣传不一致。

所以，宣传就是宣传，听听就好，不要太当真。当真的只能是自己思考后的判断。

嗯，我说的也不能全信。

你懂的。

第六章

基金定投

基金定投的初步介绍

有过基金买卖经验的投资者应该都听说过一个词——基金定投。国内外有很多理财专家都在推荐基金定投，可以说基金定投适合大多数普通投资者。

所谓基金定投，最基本的方法是基金定时定额投资。

什么意思呢，我们来举个例子。假如小明是一名典型的上班族，每天朝九晚六按时上下班。相当于在工作这件事情上，小明每天都会投入9个小时。类比到基金定投上面就是说，大家可以在固定的时间、投入固定的金额来购买基金。比如每个月购买一次基金A，每次投入资金2000元。

定期定额投资、不停地分批次小额买入基金，可以使基金的收益曲线变得比较平滑，更接近宏观经济的走势。这种方法简单、方便、易操作，尤其适合工薪阶层在发工资之后操作。

曾经有研究机构做过统计，在美国，基金定时定额投资已经占到基金总投资的40%左右。换句话说，成熟资本市场中的投资者更喜欢基金定投，这也是为什么巴菲特一再强调进行指数型基金定投就可以战胜市场中的大多数人的原因。

基金定投介绍

作为一种比较容易操作的基金投资方式，基金定投有什么好处呢？

由于每个月投入的金额固定，当基金净值下跌的时候我们就可以买入较多份额；当基金净值上涨的时候我们自然就可以买入较少份额，相当于低价多买高价少买，以此能够降低基金的持仓成本。

举个例子，假如基金 A 目前的净值是 1 元，小明在本月投入 100 元买基金，那么他买入的份额就是 100 份；之后市场出现了一波大跌，基金的净值也一路下降到 0.5 元，按照之前定期定额的投资方案，小明在第 2 个月投资的金额依旧是 100 元，由于基金净值现在为 0.5 元，那么这次买入的基金份额达到 200 份。

很不幸的是，市场在之后的行情依然是"跌跌不休"，基金 A 的净值也从 0.5 元下降到 0.2 元，如果第 3 个月小明还是投资 100 元，那么他买入的份额就是 500 份。

整个过程如表 6-1 所示。

表 6-1　基金定投

月份	净值（元）	投入资金（元）	份额
1	1	100	100
2	0.5	100	200
3	0.2	100	500

大家可以看到，小明每个月投入的金额是固定的，随着基金净值的下降，他买入的基金份额就在不断增加。

经过这 3 个月投资，小明一共投入了 300 元，获得的基金份额达到 800 份（100+200+500=800）；随着基金净值的下降，小明按照定时定额的投资方法持续投资，他持有基金的净值也下降到 0.375（300/800=0.375）元。

也就是说，一旦基金净值增长超过 0.375 元，这笔投资就会产生正向收益。如果在基金净值 1 元的时候一次性投入 300 元，那么就需要等基金净值涨回到 1 元之后才能不遭受亏损。

在基金净值高位投资越少,甚至不投,在基金净值低位投资越多,甚至一次性买入,最后持有基金的总成本越低,投资者越容易赚到钱。

可以看到,选择基金定投的投资者是利用时间的加权平均,淡化了基金买入的风险,而离场的风险还在那里。好消息是,基金行业受到整个国家宏观经济影响。当前我国经济仍于"重大战略机遇期",所以长远来看,基金的走势还是大概率向上的,所以当我们赎回基金准备离场的时候,就有很大的可能做到正收益。

换句话说,基金定投,赌的是国运,大概率是能赢。

所以,基金定投的原理其实很简单:基金定投无法帮助我们更改卖出的价格,但定投能帮我们拉低买入的价格。基金的净值是上下波动的,时高时低,像一只蹦跶的兔子。而我们每月买入,买到的实际是均值。

这就是定投的魅力所在:用时间,强制让卖方降价。

当然,并不是说基金定投随时都值得做,尤其是在牛市的时候就不太推荐选择定投这种方式。大家可以看看表6-2。

表6-2　牛市基金定投

月份	净值(元)	投入资金(元)	份额
1	1	100	100
2	1.25	100	80
3	2	100	50

从表6-2中我们可以看到,基金净值在3个月的时间里,从1元涨到2元,那么在3月时,持有基金的成本是多少呢?

300/(100+80+50)=1.3元。成本随着定投越来越高。

也就是说,在牛市的时候开始基金定投,基金净值会越来越高,买入的份额会越来越少,投资基金的平均成本会不断上升。所以在牛市定投效果并不理想。

因此,基金定投不是让你挣更多的钱,只是让你的收益曲线更平滑,这条曲线既可能是向下的曲线，也可能是向上的曲线。

下跌的时候坚持定投，亏损比例会越来越少；

上涨的时候坚持定投，盈利比例会越来越小。

坚持定投并不容易

基金定投虽然看似简单，但是能坚持到最后并不是一件容易的事情。基金定投一直被称为懒人投资的好方法，我觉得这个观点是错的。

事实上，这种说法太保守了。何止适合懒人，应该说绝大多数人都应该开展基金定投。

遗憾的是，或许只有"阿甘"这样的人才能坚定不移地把基金定投一直做下去，直到获利结束的那一天。

大部分投资者很快就会被自己的心浮气躁打败了。吃肉赶不上，挨打的时候一个也没有落下。难道绝大多数人都不够聪明吗？毕竟基金定投的原理很简单，不应该啊。也许恰恰相反，或者说大家都太聪明了，嘴上说着要坚持价值投资，坚持长期定投，但是一旦市场下跌必然坐立不安，于是频繁地买卖基金，在进进出出之中不断亏损。

毕竟我们都是凡夫俗子，基金定投确实很难坚持。

既然投资者的情绪总是被周围的事物所左右，那就忘记所有的投资技巧、小道消息、专家推荐。忘掉，全部忘掉。设定好基金投资的固定时间和金额，把自己可能犯错、犯傻的成本分摊到各个点位上。等到街头巷尾的老百姓都开始谈论股票的时候，你就可以出手止盈了。

所以，基金定投靠的就是时间拉长和平均成本摊薄，将两者结合来跑赢整个市场。短期的下跌看起来很让人痛苦，简直痛不欲生，但是我们拉长时间线来看，比如 3 年、5 年之后再看当时的波动，很有可能你痛苦的时候正是低位建仓的好时机。

痛并快乐着。

当年，巴菲特在买入《华盛顿邮报》的股票之后，曾经历过的最大亏损达到 40%，简直和"股神"的称号差了十万八千里，多少人在这期间嘲笑巴菲特的草率和投资失误。直到 3 年之后，这笔投资才回本。但是 20 年之后，我们再来看巴菲特的这笔股票投资，它的价值已经是上亿美元了。相信那 3 年被嘲笑的日子对于巴菲特来讲也不好过，但万幸的是他坚持了下来。不知道当年嘲笑他的人有没有懊悔自己没有巴菲特这样的眼光。或许这就是"股神"和普通人的区别吧。

基金定投适合哪些人

基金定投适合哪些人呢？我简单归了一下类。

全心投入工作的人

这样的投资者白天上班，晚上加班，周末还在出差的路上，一年 365 天忙到天昏地暗，连休闲娱乐、访亲会友的时间都没有，甚至连老婆孩子都快不认识自己了。

嗯，说的就是你。没时间研究个股，没时间盯盘，要是有什么投资方法不怎么花时间，就能获得市场平均收益也挺好，一年到头也不用投入过多精力，年底的时候做一次资产配置优化即可。基金定投很适合这种工作很忙的投资者。

"佛系"投资者

虽然"佛系"这个词本是对当下年轻人生活态度的描述，但应用到基金定投上也是非常合适的。

不太走心，怎么都行，看淡一切的生活态度可以让投资者避免对基金波动过于敏感。虽然有固定收入，也有充足时间，更有投资需求，但就是不想费脑筋研究宏观经济、大盘趋势、经济新闻等。这类"佛系"少男少女们，最适合定投了，不然怎么能抵得住市场震荡，怎么能熬得到经过三两年的浮亏才能迎来的基金大涨？反正天天盯盘不是"佛系"投资者的风格，如果这部分投资者能利用自己的处世态度来进行基金定投，那么简直是各取所长，很合适。

未来某一时点有资金需求

需要说一点，想通过基金定投一两年凑够买房、买车首付的投资者，这一条并不适合你。如果要在短时间内实现这样的理财目标，那么必然需要选择风险较高的基金产品，不过市场情况总是变化多端，一旦风险过大造成投资损失，那么不但目标没有实现，反而会有亏损的可能。为了一个难以实现的目标冒更大的风险，显然不符合基金定投的理念。

那么未来某一个时点到底是什么时候呢，我建议是 5 年以上。例如，5年后想换一部车，8 年后为子女准备好出国留学的资金，甚至 10 年后为自己的退休生活提供更好的物质基础等。在已经知道未来将有大额资金需求的时候，提早以小额定期的投资方式来筹集资金，不但不会造成自己日常生活上的负担，而且还能让每个月的小钱在未来轻松变成大钱。

月光男神 & 女神

月光族，基本上是刚参加工作的年轻人，这个类型的投资者月收入都不怎么高，还没有建立比较好的理财观念。爱聚会、爱逛街、爱淘宝、爱败家，基本月月光，偶尔还需要家里补贴。由于基金定投具备投资和储蓄两大功能，月光男神和女神可以在发工资后留下日常生活费，部分剩余资金用来做定投，以强迫自己进行储蓄，培养良好的理财习惯。

稳健的投资者

如果现在问大家有没有理财的意愿？估计绝大多数人都会举手表示有。甚至很多人每天都会关注跟资本市场相关的新闻、数据、报告等，但同时对风险的承受能力有限，无法准确判断投资入场的时机，所以通过基金定投这种工具，可以稳步实现资产增值。在应付日常生活开销之后，结余金额往往不多，小额的定期定额投资方式更合适。

基金定投注意事项

当然，基金定投还是有几点需要大家注意。

1. 止盈不止损

通过定投我们可以摊平基金购买成本，等基金净值回升或上涨到高位时将其卖出获利。如果大家刚开始启动定投，那么就不能过于在意账面上的浮亏，更不能因为基金短时间的下跌就把它卖掉，如果过于关注短期浮亏而卖出基金，那么等到牛市到来时就只能扼腕叹息了。投资，就是要把一切交给时间。可以止盈，但是尽量不要割肉离场。

2. 坚持定期投资

假如你是手动定投，经常出现这个月投资，下个月忘了，过两个月想起来了又继续，这样三天打鱼两天晒网的话是很难保证定投效果的，只有把时间连贯起来，才能真正通过定投来降低风险、提高投资收益。

大家不要以为定投是一件很简单的时候，尤其是在开始定投时，你会觉得无从下手，特别是当某些基金一开始就越买越涨时，投资者会觉得不知所措，或者是在定投了很多期之后，越买越跌让投资者根本承受不住。所以定投其实是一个纪律或者是一个信念的问题，要做好长期奋战的心理准备。

好在目前很多第三方平台是可以设定基金定投金额和时间的，大家可以根据自己的实际情况，约定好每个月自动扣款的时间金额，保证定投的连续性。

3. 定投频次间隔不要太长

基金定投可以按月、按周、按天。长期来看，这几种方式的收益相差不大。对于投资者来讲，定投至少是要按月来定投的，如果一个季度或者半年一次进行定投，很难平滑投资曲线。同时，股票市场经常是瞬息万变，也许在这一个季度里，基金有一两个月处于大跌，之后又反弹到初始值。如果能够在大跌的月份大量买入低价位的筹码，那么一旦行情走牛，大家就可以获得更多的收益。

在资金允许的情况下，投资者可以进一步增加投入的频次，比如按周或者按天。

当然，一切以自己的资金配置为准。

基金定投的优劣势

基金定投优势

前面说了，基金投资就是逆人性操作。看到大盘一直震荡甚至下跌的时候，要忍住不割肉离场；看到大盘一路上涨的时候，要严守投资纪律及时止盈。所以基金投资本是一件很虐心的事情。那么基金定投能够解决这些问题吗？

我们来看看基金定投的优势到底在哪。我为大家梳理了以下几条。

1. 弱化了入市时机的重要性

大家都知道无论是买股票还是买基金，都会涉及一个择时的问题，而择时恰恰是投资中最难的。华尔街有句话叫："要在市场中准确地踩点入市，比在空中接住一把飞刀更难。"作为普通的投资者，对金融知识、证券市场知之甚少，要做到准确择时就更难了。但是基金定投可以弱化进入市场的点位，通过定期定额买入，平均买入成本，避免了全部在高点买入的风险，力争以某一阶段的平均价格买入。

需要注意的是，基金定投不是说可以随时无脑买入，它起到的作用是弱化入市的时机选择。对于大家来讲，如果入市的时候正好处于市场低点，那么赚钱效应只会增加不会减少，何乐而不为呢？

2. 避免大家头脑发热

国内 A 股市场还不够成熟，很多投资者看好哪支股票直接就急急忙忙入市，全仓杀入，这对于缺乏投资经验的人来说是相当危险的。普通投资者的钱都是血汗钱，盲目听信专家的判断只能是赔了夫人又折兵。2015 年，曾有多少理财达人和专家都认为大盘能突破 6000 点甚至是 10000 点大关？没有哪个专家能够预测股市高点。基金定投，由于其分批入市且定额投资的特性，注定不会出现长期高额成本持仓的现象，减少了被深套的风险。无论是价格上涨还是下跌都会让大家保持平和的心态：上涨了可以有更多的收益，下跌了可以买入更多的份额，只要成本不断被拉低，等市场回暖后投资者就可以获得较高的收益。

3. 工薪族拿月薪为主，适合基金定投

大多数投资者基本上都属于工薪阶层，每月领取固定的薪水，所以在领到每月薪水之后开始本月的基金定投是最合适不过的了。这样的投资安排能强制让大部分的月光族们留下一笔钱来做理财，长远来看基金定投最适合用作孩子的教育金或者是老人的养老金等支出。

4. 快速调整投资组合

基金定投的特点就是小额资金多次分批进入，相比一次性全部投入，基金定投可以更加灵活地调整投资组合。

例如在投资的过程中，如果大家发现了更好的投资标的，就可以根据当前的投资情况进行合理的调整，比如对已经达到盈利目标的基金进行赎回，将资金投入到新看好的标的上，抑或对表现不尽如人意的基金及早止盈。

基金定投劣势

说了这么多基金定投的优势，难道基金定投就真的完美无缺吗？

No，No，No。

任何投资方式都不可能是完美无缺的，那么基金定投有什么不足呢？

1. 存在亏损的可能

投资的风险是永远存在的，也是不可能完全规避的。风险只能被降低，但是不能被杜绝。因此，基金定投也是有风险的。比如大家定投一支指数型基金，这支基金开始一直上涨，但没过多久就跌破买入价，如果这个时候赎回基金，那么即使之前高价时定额投资减少了买入份额，但平均价格还是在原价之上，亏损是必然的，所以基金定投适合长线投资，如果没有准确的判断力，就一直坚持定投吧，只要中国的股市不垮掉，最终价格回到平均持仓成本之上，我们买入的大量份额都会给你带来一笔可观的利润。

2. 牛市定投不如一次性投资

基金定投最爱"熊长牛短"，是的大家没有看错，基金定投确实喜欢"熊长牛短"。熊市里可以攒到很多便宜的筹码，一波大涨起来之后马上赚得盆满钵满。所以，定投是手段，不是目的。

如果牛市到来，基金定投这种投资手段只能不断提高你的基金买入成本，在这个时期还坚持定投而不是一次性投入的话，就赚不到什么钱了。所以，在牛市里就不要傻傻地定投，或者说牛市不适合定投。

基金定投很难让你实现"一个亿的小目标"，它只能帮助我们更快实现一些人生的小梦想，以及避免被情绪控制所造成的损失。

想好了就行动起来吧。

基金定投的实际操作

光说不练假把式。

说了那么多基金定投的好处，那么大家该如何设定基金定投呢？鉴于大部分人目前使用第三方平台来投资基金，下面我就演示一下如何在第三方平台设定基金定投。

基金定投具体实操步骤

我们以汇丰晋信大盘股 A（540006）基金为例，看看如何设置基金定投。我们直接在天天基金网上进行操作，其他第三方平台或者基金公司网站上的操作基本上也是类似的，大家只要领悟到定投的要点就行。

首先，大家要搜索到汇丰晋信大盘股 A 这支基金。

在图 6-1 的右侧，大家可以看到【定投】按钮。

图 6-1　单击【基金定投】按钮

细心的读者可能已经发现了，如果仅仅一次性购买汇丰晋信大盘 A 基金的话，至少要 2000 元起购。但是如果你进行定投，那么每次定投的金额最少可以是 100 元。仅仅只是投资方式不同，两者的起购金额竟然相差 20 倍！所以，对于资金不是特别宽裕的投资者来讲，少量资金分批次买入是个很好的选择。

单击【定投】按钮之后，我们就进入了基金定投的页面，如图 6-2 所示。

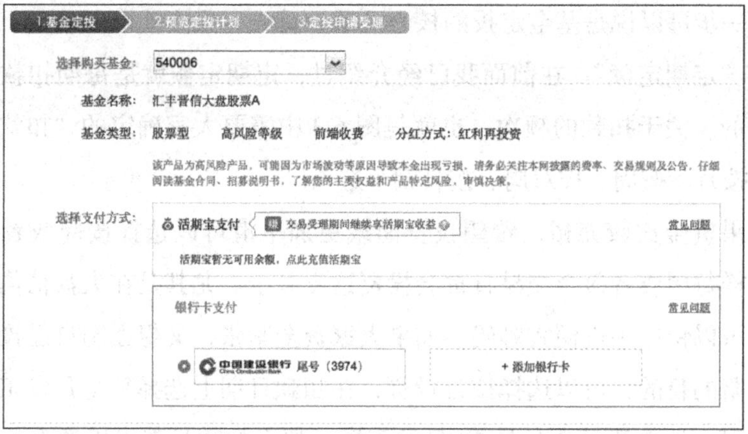

图 6-2　基金定投选择

在图 6-2 中，最上面列出了基金的名称和基金类型，包括风险等级、收费方式等基本信息。这些信息一方面向大家展示了基金的基本情况，另一方面也方便大家再次确认投资的是不是自己之前选择的基金，把信息一步步核对清楚，确保万无一失。

下方的支付方式就不多说了，大家可以像我一样绑定银行卡，方便定投期间实时扣款。

确定好是自己要定投的基金之后，我们再往下看图 6-3 中所示的页面。

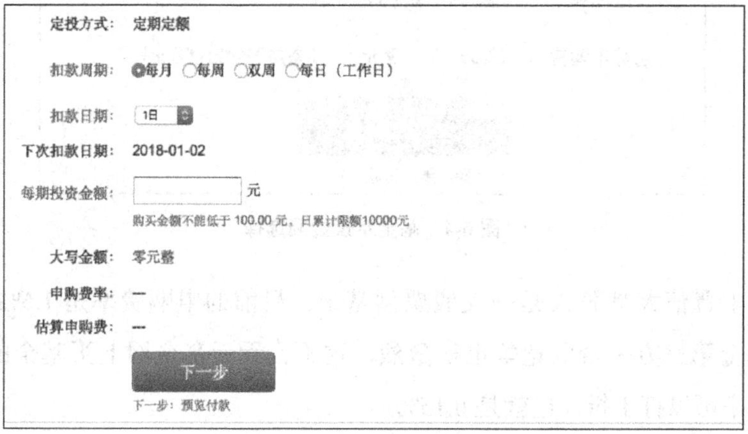

图 6-3　基金定投具体设定

这一步可以说是基金定投的核心环节，首先定投方式已经确定，就是最经典的"定期定额"。在前面我已经介绍过，定期定额就是每期扣款的金额是一样的。关于扣款的频次，也就是图 6-3 中需要大家确定的"扣款周期"，分别有按月、按周、按双周、按日四个选项。

如果资金比较充裕，希望投资曲线更加平滑可以选择按周或者按日定投，这样每周或者每个交易日都会投资这支基金。尤其是在大盘估值较低的时候，可以快速买进便宜筹码。如果大家资金紧张，又想强制自己投资基金达到储蓄的目的，可以选择按月投资，在扣款日期上选择每个月发工资的第二天即可。比如我每个月是 10 日发工资，那么扣款日就可以选在每个月的 11 日或 12 日。一方面进行基金定投，另一方面也帮助自己变相进行储蓄，一举两得。

至于投资金额的多少，大家可以根据自己的情况来设定。如图 6-4 所示，这里我按照每次 2000 元来举例子。

每期投资金额：	2000 元
	购买金额不能低于 100.00 元，日累计限额10000元
大写金额：	贰仟元整
申购费率：	1.50% **0.15%** 详情
估算申购费：	29.56 元 **3 元** （为您节省26.56元）
	下一步
	下一步：预览付款

图 6-4　基金定投金额选择

汇丰晋信大盘股 A 是一支股票型基金，目前的申购费率是 1.5%。好在目前基金第三方平台的竞争也很激烈，这不，天天基金网上买基金的时候，申购费率可以打 1 折，也就是 0.15%。

如果买 2000 元的基金，原本需要支出将近 30 元的申购费，打完折之后只需要 3 元，节省了近 90% 的申购费用。合适，太合适了，希望所有的平台都要把打折这样的优良传统保持下去。当然，某些基金在基金公司的页面购买甚至可以免申购费，有兴趣的朋友可以去试试看。

单击【下一步】按钮，系统会弹出一个对话框吗，如图 6-5 所示。

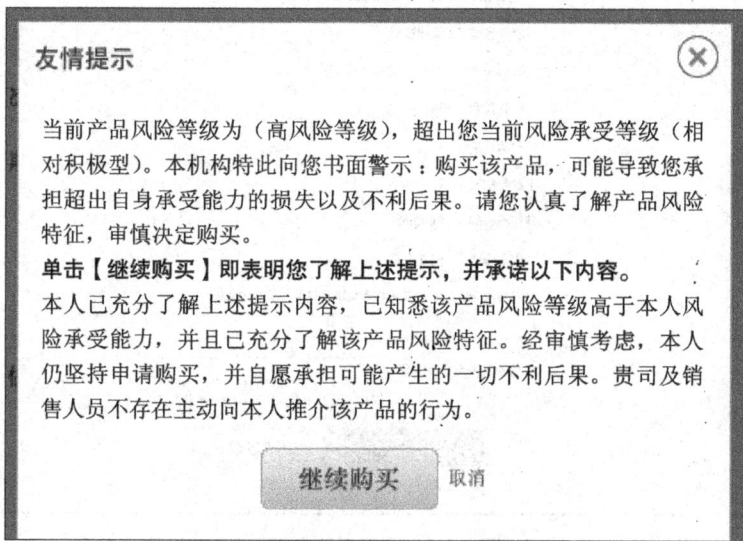

图 6-5　基金投资风险提示截图

系统提示大家，这支基金是高风险等级的基金。按照之前的评测结果，我的测试结果是积极型投资者，从风险承受的角度来看，两者不符合。

那么如果我执意要买呢？

当然可以，"继续购买"的按钮那么大，"取消"按钮像个受气的小媳妇儿一样放在旁边。与其说第三方平台是在提示风险，不如说它是在推脱责任：说好了啊，是你要买这支基金的，不是我没有提示风险。当然，对于比较谨慎的投资者，如果遇到这样的提示也要慎重，仔细评估一下自己承受风险的能力，确定之后再买入基金也不迟。

进入最后一步，就是要买入了。

如图 6-6 所示，大家可以再次核对自己购买的基金名称、收费模式、支付账户以及最核心的扣款方式、日期、金额等重要信息，不要着急输入密码单击确定，在所有信息核对无误之后再下单。

赚钱这种事，慢就是快。

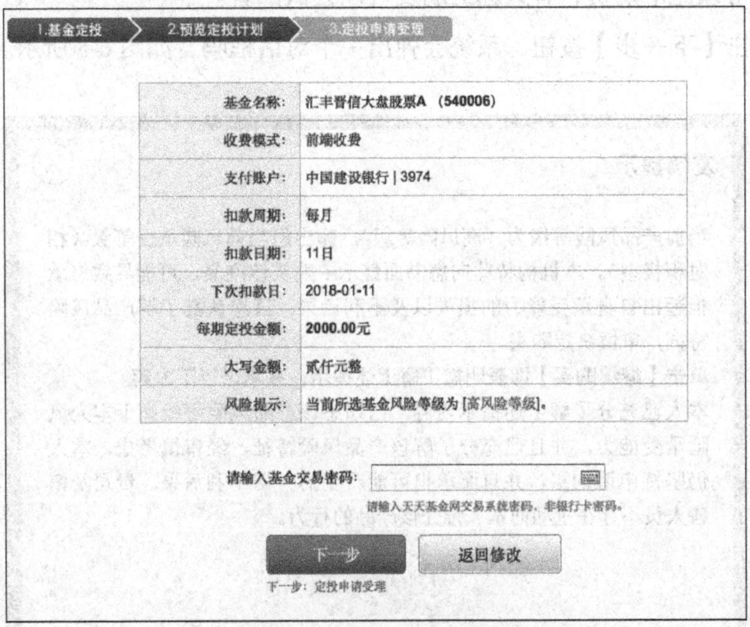

图 6-6　基金定投信息核对

单击【下一步】按钮，就算完成了定投基金的全部操作。

基金定投的注意事项

这里面，有几点需要跟大家再次提醒一下。

（1）我们在设定基金定投的时候，如果设定扣款日期是非交易日，比如周六日，那么这笔扣款申请会顺延至下一个交易日提交。如果设定扣款日是月底，就会顺延到下一个月。

（2）绑定扣款的银行卡之后，要在扣款前一个交易日确保卡里有足够的钱，不然就会出现扣款失败的情况。如果扣款当天银行卡里金额不够，那么会在下一个交易日进行补扣，如果之后的一个交易日补扣还不够的话，那么本期的扣款计划将会被取消。所以保证足够的资金在自己的卡上很重要，不然定投计划很有可能被打乱。

（3）如果基金公司由于种种原因暂停对某支基金的申购，那么在暂停申购期内，基金定投申购交易将会失效，也不会顺延。等到基金申购恢复以后，基金定投将会自动恢复。

总归一句话，设定好基金定投，同时把资金弹药准备好。之后就安安静静地看着基金一路涨上去即可。

基金定投的几个误区

说起基金定投，最怕大家持有一些先入为主的观念，影响了整个投资决策。为此，我梳理了几个典型的错误观点，跟大家分享一下。

债券型基金不适合基金定投

一说到债券型基金，大家的第一反应就是：波动小，收益比货币型基金"稍微强点儿"。真的是这样吗？我们来看看图 6-7 中债券型基金过去几年的平均年收益率。

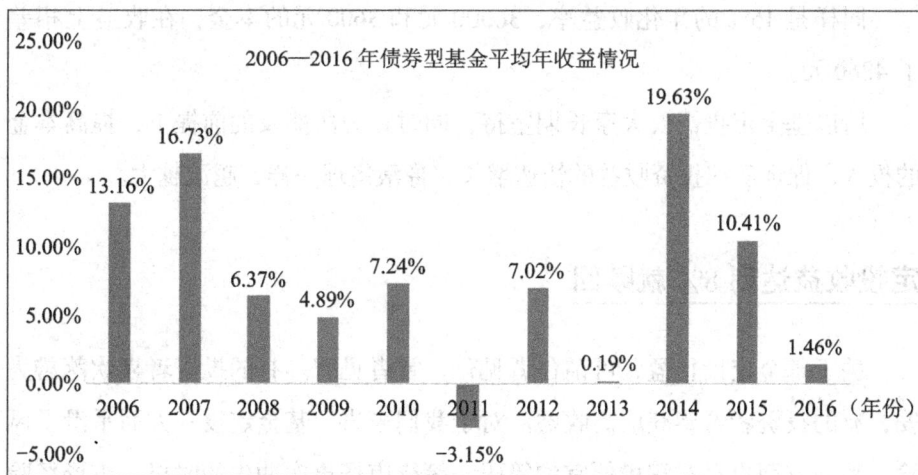

2006—2016年债券型基金平均年收益情况

图 6-7　近 10 年债券型基金年化收益率

从图 6-7 可以看出，债券型基金收益高的时候年化收益率可以达到 15%以上，收益最差的时候年化收益率为 -3% 左右，可以说波动没有大家想象的那么小。综合债券型基金十年的收益来看，平均年化收益率在 7%~8%，和信托基本持平。对于很多定性不足、不愿意忍受长期亏损的投资者来讲，定投债券型基金也是不错的选择，尤其是债券型基金的收益和稳定性都值得称赞。

更何况，基金定投只是一种投资方法，或者说是一种投资纪律，一点也不神奇，更不应该被神化。投资者要清楚自己的投资目标是什么，如果大家的第一目标是少赔钱和攒钱，其次才是获得高收益，那么显然债券型基金定投很适合你。

基金定投每个月投资 200~300 元就够了

基金定投的优势是高频次和小额投入，但是本金太低，很难获得比较好的收益。

假设我每个月投资 300 元到基金 A，那么我一年投资的总金额在 300×12=3600 元，即使年化收益率达到 15%，平均一年的收益也仅仅只有 500 元左右。

同样是 15% 的年化收益率，36000 元和 3600 元的本金，在收益上相差了 4860 元。

所以基金定投需要大家长期坚持，同时在力所能及的前提下，提高本金的投入，保证后期投资收益的快速增长，像滚雪球一样，越滚越大。

定投收益达到 8% 就赎回

关于基金定投止盈，可谓仁者见仁、智者见智。有的投资者喜欢落袋为安，有的投资者希望获取高收益。对于我们来讲，基金定投一方面平滑了风险，另一方面也是在积攒便宜的筹码，等待市场再次冲牛的时机。市场经验一次次证明，当牛市启动的时候，基金收益会出现大幅度增长，只有这个时候才能获得较高的收益回报。

如果在年化收益达到 8% 的时候就赎回，之后再重新定投，那么大家不仅丢失了较便宜的基金份额，同时白白损耗了时间和精力。

那么，平均年化收益率达到多少时止盈合适呢？

这个问题本身就难以回答，毕竟大家投资的收益期望各有不同，如果非要有一个标准的话，大家可以参看股神巴菲特的投资收益，但毕竟能够常年达到年化收益率 15% ~ 20% 的人并不多。

我在这里并不是说要大家把收益目标定得很高，而是希望大家在制定收益目标的时候也要考虑时间成本。两者相结合才能获得最大化的收益。

基金定投要长期坚持，卖出不择时

基金定投淡化了买入时间的选择，但是并不意味着卖出的时候也可以不择时。

国内市场不比美国资本市场成熟，相比一次性投入，基金定投也许不是一种复合收益最高的投资方式，但却是一种最适合普通人的投资策略。

会买的是徒弟，会卖的才是师傅。尤其是在熊市初期就进行定投的投资者，本金需要经过很多年积累才能赚钱，其实是大幅度拉低了整个投资组合的年化收益率。如果不抓住机会尽量卖在高点，那么随着股市快速见顶下跌和时间的流逝，年化收益率会大打折扣，甚至到最后竹篮打水一场空。

或许有人会质疑，牛市的高点哪那么容易就能判断出来，如果判断出来了岂不是股神了？

是的，股市的最高点很难预测，但我们不追求在最高点卖出，大家要做的就是在相对高点卖出，这样获得的收益也很高，位置也更容易判断。

当那些根本没有投资经验、拿着自己的血汗钱全部投入股市的人越来越多，投资神话一个接一个传到你的耳朵里的时候，你就可以考虑退场了。隔壁老王都开始疯狂买入基金准备大赚一笔了，你还等什么，赶紧赎回吧，这时候落袋为安的才是自己真实的盈利。图 6-8 描述了基金投资的心理动态。

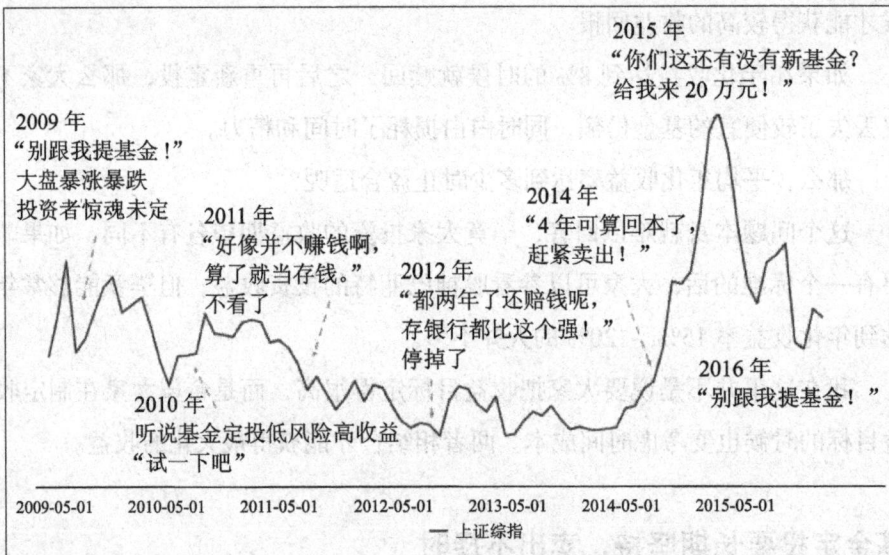

图 6-8　基金投资心理动态

基金走势的三种类型

我之前说过，定投就是不要怕基金下跌，下跌就是买入便宜筹码的好时候。

但是下跌也有很多种情况，为了便于跟大家解释，我把涨跌的趋势图进行了简化，基本上有图 6-9 所示的三种情况。

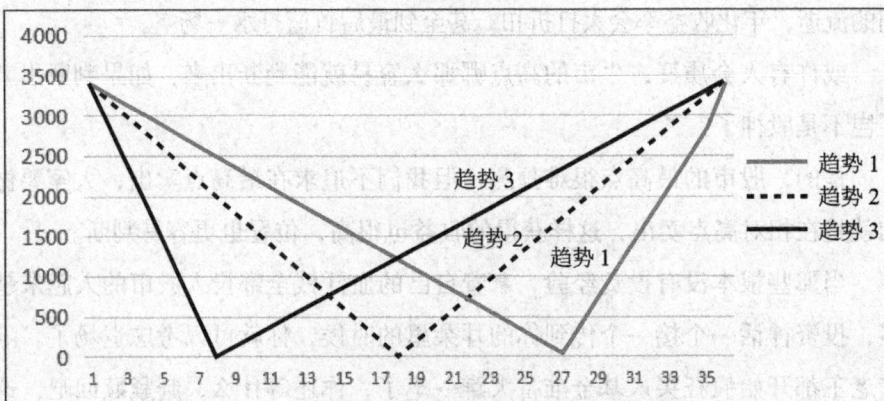

图 6-9　基金走势的三种类型

正常涨跌

大家可以看到图 6-9 中的代表趋势 2 的折线，涨跌的时间基本上各占一半。如果有这样的基金，大家在定投的过程中，买入的基金份额在前半程是越来越多，很多便宜的筹码可以被快速收入囊中。之后就会进入基金的上涨期。

这就是传说中的基金定投"微笑曲线"。当然这是理想情况，在现实中很难有如此完美的曲线。

暴跌缓涨

图 6-9 中趋势 3 代表"暴跌缓涨"，指基金在非常短的时间内快速下跌，之后的很长一段时间都是在缓慢地补血回涨。

如果遇到这种形态的基金，估计投资者刚开始的感受是很迷茫的。还好这种痛苦是短暂的，当基金进入缓慢增长期时，大家就可以偷着乐啦。

缓跌暴涨

图中趋势 1 代表"缓跌暴涨"，这种方式比较磨人，前期基金一直处于下跌通道，长时间的下跌会让大部分投资者变得完全麻木，不知道未来会是什么样子，是坚持到最后还是止损割肉，这些不确定和纠结感会让大家有种骑虎难下的感觉。但好在坚持到最后，基金就会走出一轮强势牛市。

那么，以上三种情况哪个收益更高呢？

我们来看回测的数据：

第一种方式的总收益率是 10.64%；

第二种方式的总收益率是 10.67%；

第三种方式的总收益率是 10.05%。

也就是说，不考虑小数点后两位的变化，这三种定投种类的收益率几乎是一样的，不会有数量级的差别，波动范围还不到 1 个百分点。但是，这里面的过程却是千差万别，一言难尽。过程即心理，大家的心历路程才是重中之重。

虽然我们都知道定投最终会有很好的投资回报，但是在这个过程中大家会经历哪种类型的涨跌、时间的长短、能否坚持到最后、心理的变化如何，都是难以预测的。

三种走势的心路历程

第一种：正常涨跌

对于这样定投的基金，虽然投资者在前半程需要在忍受基金净值下跌的同时不断地买买买，但幸运的是，在坚持到一半的时候，基金在后半程开始发力，投资者的心态也会舒缓很多，基金的缓慢上涨其实是一个好消息，投资者实现微笑曲线的可能性很大而且坚持定投的信念也在不断增强。

第二种：暴跌缓涨

短时间的基金净值下跌，估计在很多投资者还没有反应过来时，基金就已经跌得面目全非了。神经大条的人有福了，还没有品尝割肉的感觉，基金就又缓慢地涨回去了。但是一次暴跌之后就不停地涨涨涨，时间久了人们心里也会不安，毕竟漫长的涨幅之后还能买吗？我在前面介绍过，在基金处于上涨的时候定投，其实是在提升买入基金的平均值。所以，基金净值上涨是好事情，一直涨多半会让人心里发慌，物极必反。

第三种：缓跌暴涨

这个是三种投资方式里，最让人寝食难安、最容易中途放弃的一种。因为遇到这种基金的时候，大家需要忍受漫长的基金净值下跌过程，浮亏甚至能达到 30% 以上，甚至更多，很多人根本撑不住，别说三年五载，估计持续半年的下跌就会让很多人动摇定投的想法，割肉离场。心如死灰，说的就是这样定投的感觉吧。因为，未来的情况没有人知道，黎明前的黑暗最难熬。

　　三种定投的方式以及三种定投的心历路程，大家喜欢哪一种呢？

　　不管大家是否喜欢，基金投资的趋势是逃不出以上三种情况的，除非你不想进行基金定投；但只要你有一个坚持长期投资基金就能涨回来的信念，就不用太在意中间的涨跌过程。

　　定投，要的就是一种从容的心态。

HOW TO SELECT FUNDS
AND GET HIGHER RETURNS

第七章
定投基金的选择

不用多说，基金定投首选指数型基金。在前面，我一直在跟大家沟通定投指数型基金的好处。很显然，作为国家经济的晴雨表，只要经济一直处于上升趋势，那么指数作为整个市场的代表，也会保持着上升态势。我在这一章里会分享选择指数型基金的方法和技巧。

那么，为什么推荐大家选择指数型基金做定投的标的基金呢？

为什么是指数型基金

生命力最强

为什么说指数型基金的生命力最强呢？

相对来讲，没有哪个公司可以说自己永远存在。我们回顾一下过去几十年在全球排名市值前10名的公司，可谓"城头变幻大王旗"，十年前是金融石油公司的天下，现在是互联网公司拔得头筹。昔日的诺基亚已经成为历史，三星也被国内的华为、小米超越。可以说，风光无限的企业有，但是能够保持长久不衰的企业是很难存在的。但是指数型基金不同，它可以通过吸纳有着巨大发展潜力的新公司来替换迟暮的老公司，实现生命力的延续。

可以说，指数型基金的生命力和一个国家的生命力是高度正相关的。

长期上涨

指数长期来看，是保持着上涨趋势的。一个比较普遍的解释是，指数背后是一个个优质的公司，它们有生产汽车的、有生产家电的、有做金融服务的，各行各业的龙头企业汇聚在一起，这些企业每年赚的钱会不断地再投入生产，这样一来每年还能够带来新的盈利。这些盈利不断地滚雪球，推动着指数不断上涨。

因此，只要一个国家有比较稳定的环境，指数背后的优秀公司就能够不断创造出盈利。也许会有一些年份出现困境，导致盈利下滑甚至亏损，但是长期来看盈利还是会不断上涨，这就是指数长期看涨的根本动力。只要相信国家能够持续发展，我们就能够分享到国家经济增长的收益。或者说是分享改革开放 40 年来的红利。

指数定投，要成双成对

指数型基金定投的理念已经深入人心了。如果要在指数型基金投资方面做个限定的话，我觉得那就是要成双成对才好。比如大家熟悉的沪深 300+中证 500，或者是上证 50+ 创业板指数等。

尤其是在首次接触基金定投的时候，处于入门阶段的投资者是无论如何也绕不开沪深 300+ 中证 500 这样的经典组合的。

沪深 300 选取了 300 支大盘股票，中证 500 选取了 500 支中小盘股票，基本上把市场上大小盘的优质股票都涵盖了。上证 50 和创业板指数分别选取了大盘上的 50 支股票和创业板的 100 支股票，覆盖面虽然没有前两者那么广，但是这些股票由于权重的原因，也能基本代表了整个市场趋势。

相比较之下，代表某个行业的行业指数就很难做到广覆盖。

也许会有人问，既然这两个组合都可以代表整个市场发展趋势，那么哪个更适合定投，哪个收益更高呢？

由于沪深 300 指数和上证 50 指数对应，中证 500 指数和创业板指数对应，我们先在图 7-1 和图 7-2 中对比一下这两组指数型基金的收益如何。

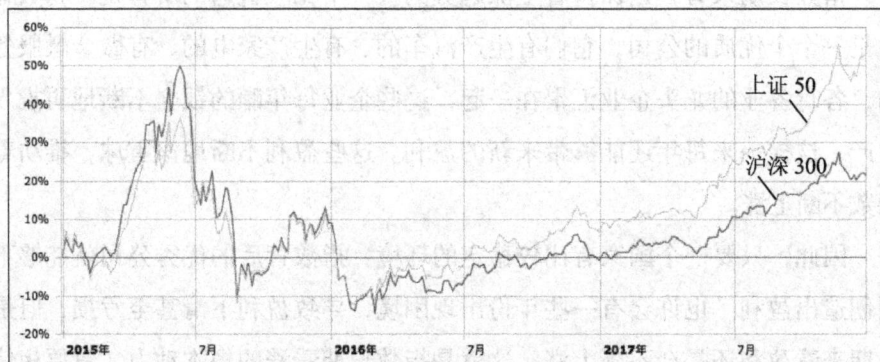

图 7-1　沪深 300 vs 上证 50

从图 7-1 中大家能够看到，沪深 300 指数基金和上证 50 指数基金的整体趋势比较一致。这里面很大的原因是，上证 50 指数所包含的股票绝大部分也包含在沪深 300 指数当中，因此两者的走势比较类似。

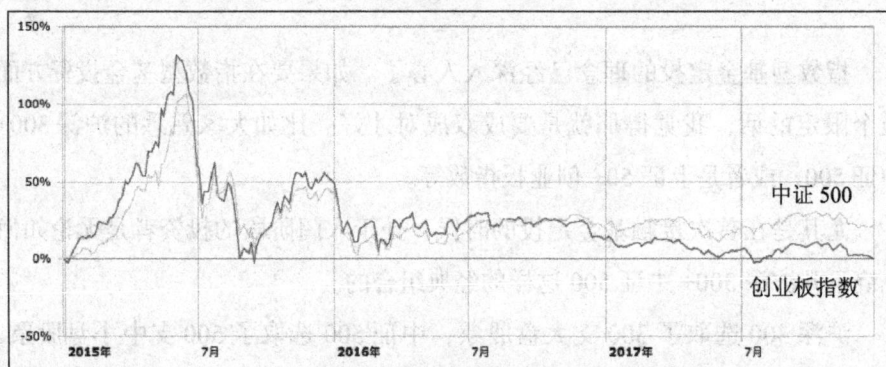

图 7-2　中证 500 vs 创业板指数

中证 500 和创业板比较，大家可能会感受到两者的差别更小，如果要找到细微差别的话，那就是创业板的波动性要比中证 500 更大一些。

有过定投经验的朋友应该知道，只要坚持定投，那么波动越大，买入便宜筹码的机会越多，一旦反弹的时候收益也会更高。因此，对于定投来讲，一般认为起伏大的基金更适合定投。也许有人会说，这两组基金组合的走势图其实看着差不多，有没有量化的数据可以对比一下呢？

有，当然有。

表 7-1 是一张包含了四个指数的相关系数表格，是用 2016 年 1 月 1 日到 2017 年 12 月 31 日的数据进行回测所得出的。

表 7-1　指数相关系数 （2016—2017 年）

名称	沪深 300 指数	中证 500 指数	创业板指数	上证 50 指数
沪深 300 指数	1	0.53	-0.64	0.99
中证 500 指数	0.53	1	0.11	0.44
创业板指数	-0.64	0.11	1	-0.71
上证 50	0.99	0.44	-0.71	1

可以看出，沪深 300 指数和中证 500 指数一直是大家分散投资的标杆投资组合，两者的相关性虽然不高，但是也达到了 0.53。上证 50 和创业板指数的相关性居然是 -0.71，是这些宽基指数里面相关性最低的一组，而且呈现出了负相关！要知道，资产组合的关键其实就是要分散风险，不同资产的相关性越小，那么组合起来的风险就越能够被有效分散。因此，从分散风险的角度来看，上证 50 和创业板指数更值得定投。

从指数定投的角度来讲，沪深 300+ 中证 500 是一个标准的指数投资组合，这个定投组合可以很好地获取大盘整体收益。更进一步，上证 50+ 创业板的相关性更小，风险分散更加充分，如果你近期准备开启指数型基金定投之旅，推荐你尝试一下。

如何选择定投指数型基金组合

那么，具体到基金上又该如何选择呢？

创业板指数型基金选择

我们先以创业板指数型基金为例，按照之前我介绍的方法，来试着帮大家筛选一下。

通过在天天基金里搜索创业板基金，大家很快就能把大部分创业板基金筛选出来，这里有创业板指数型基金、创业板混合型基金、创业板分级基金等。对这40多种创业板基金到底要怎么选择呢？表7-2所示的是大部分创业板指数型基金。

表 7-2　创业板指数型基金

序号	代码	基金名称
1	161022	富国创业板指数分级
2	050014	博时创业成长混合 A
3	000586	景顺中小板创业板精选股票
4	160420	华安创业板 50 指数分级
5	002656	南方创业板 ETF 联接 A
6	159952	广发创业板 ETF
7	161223	国投瑞银中证创业指数分级
8	003765	广发创业板 ETF 联接 A
9	003766	广发创业板 ETF 联接 C
10	580007	东吴安享量化混合
11	004744	易方达创业板 ETF 联接 C
12	150303	华安创业板 50 指数分级 A
13	004870	融通创业板指数 C
14	150091	万家中证创业成长指数分级 B
15	003069	光大保德信量化优选股票
16	110026	易方达创业板 ETF 联接 A
17	001593	天弘创业板 C
18	160637	鹏华创业板分级
19	150153	富国创业板指数分级 B
20	163209	诺安中证创业成长指数分级
21	161663	融通创业板指数增强（后端）

序号	代码	基金名称
22	161910	万家中证创业成长指数分级
23	150214	国投瑞银中证创业指数分级 B
24	159955	嘉实创业板 ETF
25	150152	富国创业板指数分级 A
26	159957	华夏创业板 ETF
27	159958	工银瑞信创业板 ETF
28	150213	国投瑞银中证创业指数分级 A
29	150073	诺安稳健
30	161613	融通创业板指数增强（前端）
31	001592	天弘创业板 A
32	159915	易方达创业板 ETF
33	159948	南方创业板 ETF
34	150304	华安创业板 50 指数分级 B
35	159949	华安创业板 50ETF
36	160223	国泰创业板指数
37	150244	鹏华创业板分级 B
38	051014	博时创业成长混合 A
39	004343	南方创业板 ETF 联接 C
40	002553	博时创业成长混合 C
41	150243	鹏华创业板分级 A
42	150075	诺安进取
43	150090	万家中创指数分级 A

　　基金投资再分散，也不能把跟踪创业板的 40 支基金全部拿来投资。而且有些朋友可能发现了，在这几十支基金里，有些基金是分级基金。在介绍创业板指数型基金的筛选方法之前，我先要介绍一下分级基金。

　　分级基金是一个结构相对比较复杂的基金，它包含分级母基金和子基金，子基金还有分级 A 和分级 B 基金的区别。

　　分级 A 和分级 B 是两个投资风格完全不同的基金，一个保守稳重，一个激进冒险。分级 B 为了高收益，不惜冒险，还要借分级 A 的资金加杠杆，当然钱不是白借的，分级 B 不论涨跌输赢，都要给分级 A 固定的收益。因此，分级 A 收益相对固定，分级 B 收益可以涨上天，也可以跌破底线。而分级母基金则是不带杠杆、收益浮动的基金，大家可以把分级母基金认为是一个正常的普通基金。所以在选择的时候，分级基金里的分级 A 和分级 B 可以排除了，因为它们要么是固定收益，要么有很大的杠杆，不是我们所说的指数型基金。同时混合型基金也不是纯粹的指数型基金，直接剔除。场内基金需要开通股票投资账户，所以场内创业板指数基金也不在此次考虑范围之内。

删除十几个不靠谱的之后，还是有很多基金在选择的名单里，根本没有办法操作。之前我介绍过基金的筛选方法 4433 法则，这里可以派上用场啦。

需要和大家说明的是，如果样本基金过少，符合 4433 法则的基金可能极少，甚至是没有。所以这时候，我们就需要把筛选要求进行调整，让有潜力的基金进入大家的视野。

在筛选创业板基金的时候，我们先按照以下原则来筛选一下：

（1）剔除基金成立时间小于 2 年的；

（2）剔除基金经理任职小于 2 年的；

（3）剔除基金规模小于 1 亿元的。

然后，就剩下表 7-3 中所示的 5 支基金进入大家的眼帘。

表 7-3　创业板指数基金筛选结果

序号	代码	基金名称	成立时间	规模
1	161022	富国创业板指数分级	2013 年 9 月	62.4 亿元
11	110026	易方达创业板 ETF 联接 A	2011 年 9 月	15.97 亿元
13	160637	鹏华创业板分级	2015 年 6 月	5.57 亿元
22	161613	融通创业板指数增强（前端）	2012 年 4 月	5.02 亿元
23	001592	天弘创业板 A	2015 年 7 月	5.64 亿元

需要说明的是，场内基金我也剔除了。有些朋友可能会觉得奇怪，我之前说过，场内基金手续费很便宜，更加接近指数走势，这次为何没有考虑场内基金呢？事实上，我看重场外基金，主要是因为场外基金可以自动定投，

不需要每次手动，尤其是当大家同时定投多支基金的时候，场外自动定投的方法就体现出优势来了。而且，场内基金定投手续费低廉主要体现在大笔买入的时候，如果大家只是小金额定投的话，场外第三方平台目前手续费一折，优势更明显。

总而言之，场内基金不在此次筛选范围内。

那么，这5支基金的收益如何呢？我们来看看图7-3中的收益曲线。

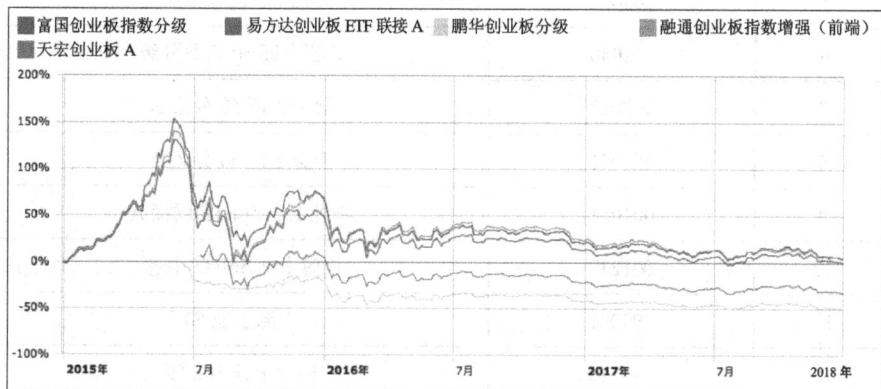

图7-3　基金收益比较

从图7-3上可以看出来，鹏华创业板分级和天弘创业板A收益明显较低，所以直接出局。

剩下的三支基金，可以说难分伯仲，就看大家喜欢哪个了。

上证50指数型基金选择

说完了创业板指数型基金的筛选，再说它的搭档上证50指数型基金。有了前面方法的介绍，上证50指数型基金的筛选就容易很多。按之前的套路，我们还是先找到大部分上证50指数型基金，如表7-4所示。

表 7-4　上证 50 指数型基金

序号	代码	基金名称
1	110003	易方达上证 50 指数 A
2	501050	华夏上证 50AH 优选
3	001549	天弘上证 50 指数 C
4	502048	易方达上证 50 指数分级
5	502020	国金上证 50 分级
6	502040	长盛上证 50 指数分级
7	502022	国金上证 50 分级 B
8	502021	国金上证 50 分级 A
9	001051	华夏上证 50ETF 联接 A
10	001237	博时上证 50ETF 联接
11	399001	中海上证 50
12	510710	博时上证 50ETF
13	502050	易方达上证 50 指数分级 B
14	502049	易方达上证 50 指数分级 A
15	510800	建信上证 50ETF
16	502041	长盛上证 50 指数分级 A
17	510050	华夏上证 50ETF
18	001548	天弘上证 50 指数 A
19	180033	银华上证 50 等权联接
20	004746	易方达上证 50 指数 C
21	510680	万家上证 50ETF
22	510430	银华上证 50 等权 ETF
23	502042	长盛上证 50 指数分级 B

　　按照和创业板指数基金一样的筛选思路，我们看看最后有哪些上证 50 指数基金进入最后一轮，如表 7-5 所示。

表 7-5　上证 50 指数基金筛选结果

序号	代码	基金名称
1	110003	易方达上证 50 指数 A
4	502048	易方达上证 50 指数分级
6	502040	长盛上证 50 指数分级
9	001051	华夏上证 50ETF 联接 A
11	399001	中海上证 50

接着，我们看看这些基金的整体收益情况如何，如图 7-4 所示。

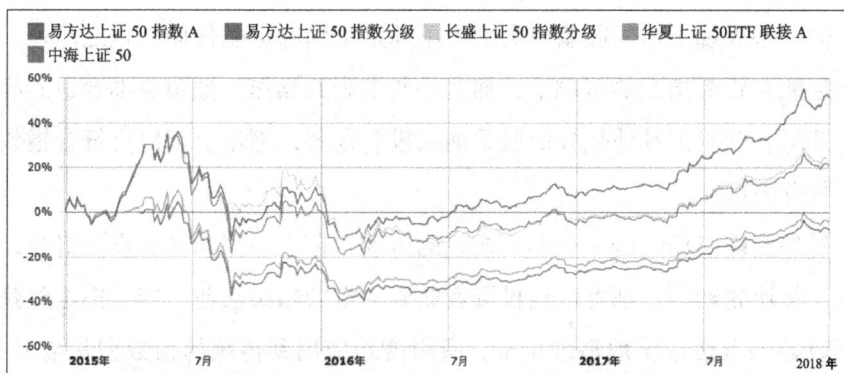

图 7-4　上证 50 指数型基金收益比较

从图 7-4 中可以看出，上证 50 指数型基金的收益差别还是比较大的，其中华夏上证 50ETF 联接 A 和易方达上证 50 指数分级的收益较低，可以直接排除。剩下的三支基金中，易方达上证 50 指数 A 的收益最高，大家可以重点关注这几支指数型基金。

还有很多人一开始就定投了沪深 300 和中证 500 指数，筛选方法和上面的步骤一样，大家可以自己动手实际验证一下。

指数增强型基金的选择

在上一节选择指数型基金的时候，很多人会注意到一些指数型基金的名字后面会加上"增强"两个字。

那么什么是指数增强型基金呢？

大家都知道，指数型基金的目的是复制指数本身，像前面介绍的沪深300指数和中证500指数。不过无论是筛选出300支股票还是500支股票，由于一些指数规则上的不完善，总会有一些不着调的股票混入优秀的队伍中去，而一些表现不错的股票也会因为不满足个别筛选条件而被拒之门外。所以如果能在跟踪指数的基础上，加上一些主观的操作，把明显不合适的股票持仓调低，同时把其他优异的股票纳入投资范围，理论上可以更符合指数型基金投资的目标。

另外国内市场还是一个不太成熟的市场，存在一些明显的投资机会，像打新、板块轮动等，都可以让投资者获取一定的超额收益。如果把这些获取超额收益的方法系统地整理出来，有限度地应用到传统的指数型基金上去，就可以在传统指数型基金的基础上提高收益了。

这就是增强型指数型基金的目的。

好了，估计大家应该对指数增强型基金有了一个初步的认识，我们再给它下一个定义：指数增强型基金是指基金在被动跟踪指数的基础上，加入增强型的积极投资手段，对投资组合进行适当调整，力求在控制风险的同时获取积极的市场收益，其投资目标则是在紧密跟踪基准指数的同时获得高于基准的收益。

为了验证一下指数增强型基金的效果，我以沪深300和中证500指数为例，看看针对这两个指数的增强型基金表现如何。

指数型基金的筛选方法和前面章节中介绍的没有差别。我直接把初步筛选出来的结果分享给大家，表7-6记录了沪深300指数增强型基金的基本信息。

表 7-6　沪深 300 指数增强型基金的基本信息

序号	名称	成立时间	规模	夏普比率
1	易方达沪深 300 量化增强	2012 年 7 月 5 日	4.74 亿元	2.21
2	申万菱信沪深 300 指数增强	2004 年 11 月 29 日	3.22 亿元	1.85
3	景顺长城沪深 300 增强	2013 年 10 月 29 日	29.15 亿元	2.37
4	华泰柏瑞沪深 300ETF	2004 年 11 月 18 日	45.54 亿元	1.54

表 7-6 中，我们用华泰柏瑞沪深 300ETF 基金作为对标基金，拿它来和增强型基金作对比。其他 3 支增强型基金都是佼佼者，规模适中，成立最晚的也有 4 年多的历史。而且这几支基金的夏普比率非常高，均超过 1.5。图 7-5 展示了这些增强型基金的收益。

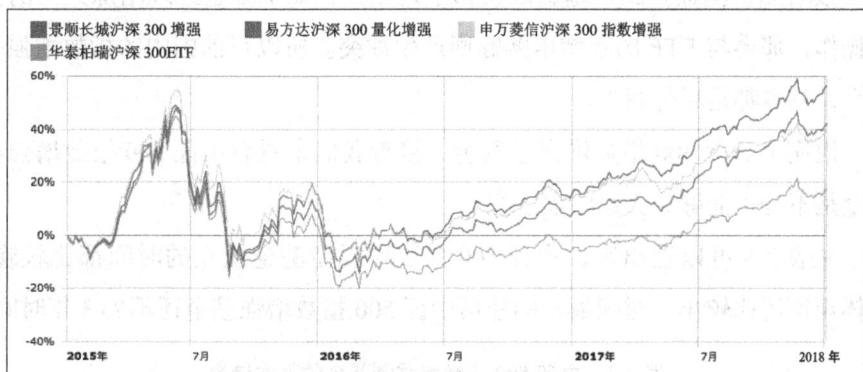

图 7-5　沪深 300 指数增强型基金的收益曲线

大家可以看到，指数增强型基金在过去 3 年的时间里，大部分时间都跑赢了沪深 300 指数。可以说，在复制指数的同时，国内市场上的指数增强型基金还是有可能跑赢大盘的。

那么这些指数增强型基金定投的收益又是如何呢，我们来看看表 7-7 所示的回测数据。

表 7-7　指数增强型基金定投的收益

定投时间	易方达沪深300 量化增强	申万菱信沪深300 指数增强	景顺长城沪深300 指数增强	华泰柏瑞沪深300 ETF
1 年	18.04%	12.26%	19.27%	14.92%
2 年	30.85%	23.57%	34.20%	22.57%
3 年	31.91%	24.46%	38.01%	19.64%
5 年	68.05%	68.46%	—	45.07%

从定投收益上看，指数增强型基金的走势确实要比沪深 300 指数本身的走势好很多，大家是不是也被这些基金的收益数据惊艳到了？需要指出的是，指数增强型基金基本都是场外指数型基金。这是因为指数增强型基金需要增加一些主观上的操作，所以场内的 ETF 形式的指数型基金，目前很难做成指数增强型基金。ETF 基金以实物申购赎回，如果基金经理增加人为的主观操作，那会与 ETF 的新增申购赎回产生冲突。所以目前国内的指数增强型基金，基本都是场外版本。

说完了沪深 300 指数增强型基金，接着我们来看看中证 500 指数增强型基金是不是也能够让大家眼前一亮。

从表 7-8 可以看出来，中证 500 指数增强型基金成立的时间都比较晚，整体规模还比较小。时间最长的建信中证 500 指数增强基金还不到 3 年时间。

表 7-8　中证 500 指数增强型基金的基本信息

序号	名称	成立时间	规模
1	建信中证 500 指数增强	2014 年 1 月 27 日	5.67 亿元
2	创金合信中证 500 指数增强 A	2015 年 12 月 31 日	1.78 亿元
3	申万菱信中证 500 指数增强	2016 年 4 月 21 日	1.82 亿元
4	南方中证 500ETF	2013 年 2 月 6 日	27.59 亿元

那么这些指数增强型基金能否跑赢以南方中证 500ETF 为代表的普通指数型基金呢？我们从收益情况来印证一下，如图 7-6 所示。

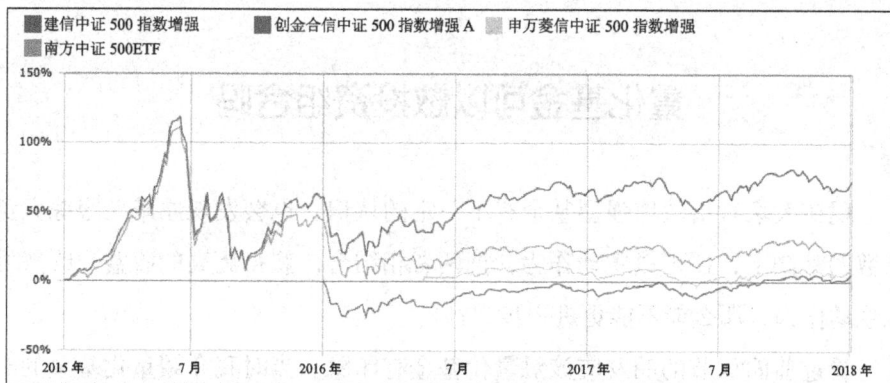

图 7-6　中证 500 指数增强型基金的收益曲线

从过去 3 年的收益来看，最上面那条建信中证 500 指数增强型基金的收益曲线走势还是不错的。剩下两支指数增强型基金虽然没有跑赢中证 500 指数，但是实力却不容小觑。我们具体再看一下它们在 2017 年的收益曲线，如图 7-7 所示。

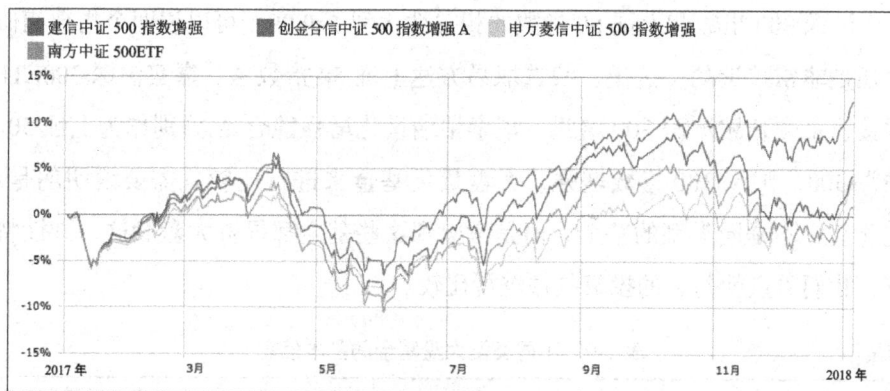

图 7-7　中证 500 指数增强型基金在 2017 年的收益曲线

可以从图 7-7 中看到，把时间轴放大到 2017 年一年的时间里，这几支指数增强型基金的表现和中证 500 指数的差别不大，其中创金合信中证 500 指数增强型基金收益略高于指数。

如果大家对指数型基金感兴趣，同时也想保留一些投资的主动性，承担一定的投资风险，那么指数增强型基金是值得考虑的选项。

量化基金可以做投资组合吗

现在大家对指数增强型基金有了一定的认识，也会发现原来在跟踪大盘指数的基础上，还可以主动作为，把两者相结合，获得更高的收益。既然可以主动作为，那么能不能更进一步呢？

看过前面章节的朋友应该对量化基金有印象。当时我介绍量化基金的时候曾经讲过，量化基金选股模型相对比较科学，避免了基金经理的偏好和个人情绪，优势很大。既然我们投资大小盘指数型基金就是为了分散风险，或者说是为了大小盘均衡配置，量化基金也有跟踪大盘和小盘的基金，那么量化基金能否成为我们基金投资的另一个选项呢？在收益上，量化基金的表现和指数型基金以及指数增强型基金相比较，又如何呢？

之前介绍指数型基金的时候，我提到过几个宽基指数型基金的相关性，其中沪深300指数和上证50指数的相关性达到了0.99，可以说两个指数相似度还是非常接近的。这里，我选取易方达上证50指数A、嘉实沪深300ETF联接、景顺长城沪深300增强、华泰柏瑞量化增强混合A分别作为上证50、沪深300、沪深300指数增强、大盘量化基金来进行比较。需要说明的是，这些基金不是同类型的基金，但是考虑到这些基金都投资大盘股这一共性特点，我们重点就基金的投资收益进行比较。

表7-9 不同类型大盘基金的基本信息

序号	名称	夏普比率	成立时间
1	易方达上证50指数A	2.24	2004年3月22日
2	嘉实沪深300ETF联接	1.57	2005年8月29日
3	景顺长城沪深300增强	2.37	2013年10月29日
4	华泰柏瑞量化增强混合A	2.04	2013年8月2日

从表7-9中，我们可以看到这些基金都是布局大盘股的优秀基金，夏普比率平均超过2，很给力，成立最晚的基金也有4年之久。各种硬性条件都

非常不错，那么收益到底怎么样呢？我们来看一下图 7-8。

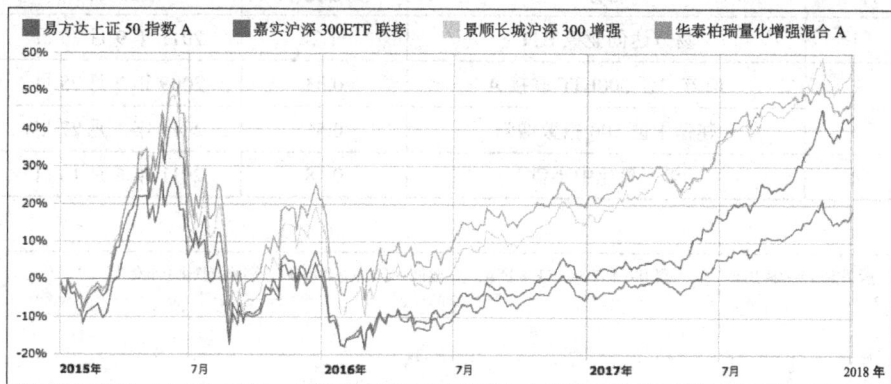

图 7-8　不同类型大盘基金的收益曲线

从图 7-8 可以看出，在累计收益方面，指数增强型基金和量化基金的收益明显高过上证 50 指数基金和沪深 300 指数基金。而且华泰柏瑞量化增强混合 A 基金整体来看收益更高一些。

我们再来看看这些基金如果进行定投的话，收益是什么样的，如表 7-10 所示。

表 7-10　不同类型大盘基金的定投收益

序号	名称	定投 1 年	定投 2 年	定投 3 年
1	易方达上证 50 指数 A	26.86%	40.68%	42.13%
2	嘉实沪深 300ETF 联接	14.26%	21.74%	19.22%
3	景顺长城沪深 300 增强	19.27%	34.2%	38.01%
4	华泰柏瑞量化增强混合 A	12.15%	23.66%	27.59%

从表 7-10 中可以看到，无论是定投 1 年、2 年还是 3 年，量化基金虽然没有获得第一名，但是也稳稳地超越了普通的指数型基金。大家投资的时候可以结合自己的实际情况，在定投收益和累计收益之间做好平衡。

下面我们再来看看跟踪小盘股的量化基金情况，和大盘股指数型基金的筛选原则类似，我们也选取了跟踪中证 500 指数的业绩比较好的几支基金进行收益上的对比，如表 7-11 和图 7-9 所示。

表 7-11　小盘股的量化基金情况

序号	名称	夏普比率	成立时间
1	易方达创业板 ETF	−1.24	2011 年 9 月 20 日
2	南方中证 500ETF 联接 A	0.03	2009 年 9 月 25 日
3	建信中证 500 指数增强	0.56	2014 年 1 月 27 日
4	申万量化中小盘	0.18	2011 年 6 月 16 日

图 7-9　小盘股的量化基金收益

从累积收益来看，和大盘股的基金类似，小盘股的基金中也是指数增强型基金和量化基金更胜一筹。那么从定投的角度看呢？我们看一下表 7-12。

表 7-12　小盘股基金的定投收益

序号	名称	定投 1 年	定投 2 年	定投 3 年
1	易方达创业板 ETF	−4.28%	−11.10%	−14.32%
2	南方中证 500ETF 联接 A	2.27%	3.53%	1.26%
3	建信中证 500 指数增强	3.69%	10.47%	16.92%
4	申万量化中小盘	7.11%	12.86%	25.62%

从这四种基金定投来看，申万量化中小盘的收益更加突出，比我之前介绍的指数增强型基金收益更高。果然，量化基金没有让大家失望。

通过上面两组基金的对比，我们也进一步印证了量化基金也可以选取跟踪大盘和中小盘的优质基金。这些优质的量化基金组成投资组合，在收益上的表现也是值得大家肯定的。

你适合哪种投资组合

相信大家已经看出来，从大小盘均衡配置的角度讲，有很多种基金组合适合大家投资和选择。

对于刚刚接触基金的朋友来讲，经典的沪深 300 指数 + 中证 500 指数型基金组合非常适合大家，不但能够战胜大部分主动型基金，而且省时省力，不用过多操心就能战胜市场中 70% 的选手。

如果有一定风险承受能力，那么可以在此基础上投资上证 50+ 创业板指数。这两个指数型基金相关性更小，甚至是负相关，不用担心风险叠加。

更进一步可以选择沪深 300 增强指数 + 中证 500 增强指数，在保证 90% 左右跟踪指数的同时，增强指数可以帮助大家博取一部分高收益。

如果还想冒一些风险，在可控的情况下还有选择吗？显然之前讲的量化基金是个合适的选择，量化基金可以看作指数型基金增强型的增强型，收益会更大但同时风险也会增加。

就看大家的风险承受能力了，四种选择总有一种适合你。

全球配置

在前面的章节里，我给大家介绍了几个经典的组合，其实主要是为了规避大小盘股轮动的风险，定投组合里至少应该有一个大盘股基金，还有一个中小盘基金。如果风险过大，波及面很广，还有没有更大范围分散风险的方法呢？

为了避免国内行情的大波动，按照资产配置的理念，我们还需要把眼光往境外市场看看，比如美国股市。

美股自不必多说，世界 500 强企业、新型创新公司基本上都在美国上市。

美股市场成熟度比较高，而且近两年涨势喜人。

图 7-10 和图 7-11 所示的分别是标准普尔 500 指数和纳斯达克 100 指数的走势图。

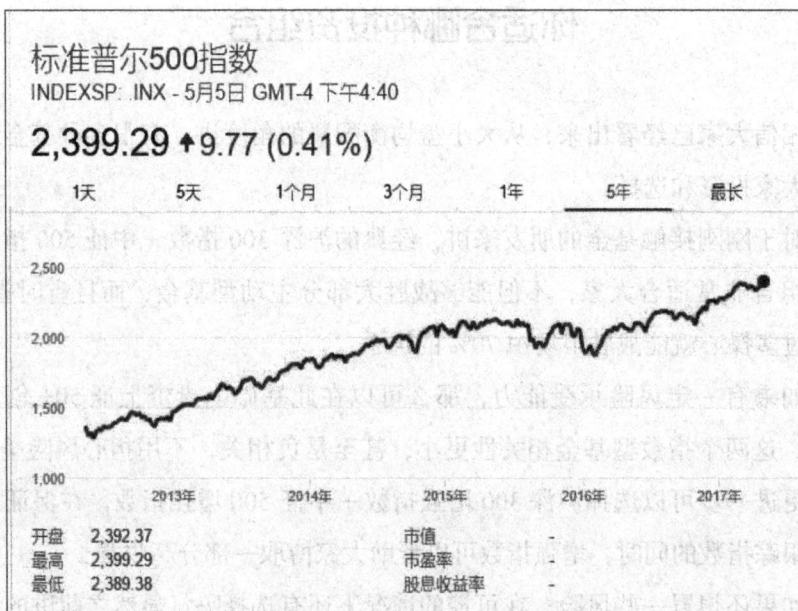

图 7-10　标准普尔 500 指数的走势图

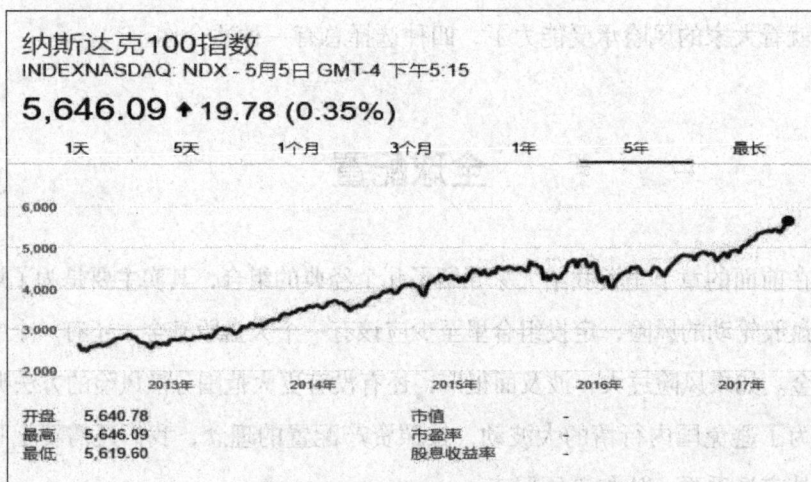

图 7-11　纳斯达克 100 指数的走势图

标准普尔 500 指数由 400 种工业股票、20 种运输业股票、40 种公用事业股票和 40 种金融业股票组成，相当于我们的 A 股主板，代表性强、精确度高、持续性好。比如我们熟悉的花旗银行、可口可乐、福特汽车等都被涵盖在标准普尔 500 指数中。

纳斯达克 100 指数与标准普尔 500 指数相比，更多关注高成长性企业，尤其是创新性企业，比如我们熟知的苹果、微软、谷歌等知名互联网公司。

当然，美股这一两年已经涨了很多，不断创造新的历史高度，如果大家之前就开始定投，可以继续持有；如果现在想定投，建议大家慎重投资，毕竟已处于高位，风险太大。

港股市场也是成熟市场，但它的走势同时受到美股和 A 股的影响。尽管如此，港股依然是全球非常重要且独特的股市，它的走势并不会完全和 A 股亦步亦趋，也可以在一定程度上分散 A 股的系统性风险，在组建定投组合时，配置一定的港股也很有必要。

从图 7-12 可以看出，香港恒生指数最近两年也呈现出稳步上涨的趋势。同时，内地还有很多优秀的企业在香港上市，比如最近市值超过 3000 亿美元的腾讯。目前，港股 PE 也不是很高，适合投资一些。

图 7-12　香港恒生指数走势图

那么这些不同市场的基金需要怎么配置呢？简单一点的话，所有指数型基金全部按照 1∶1∶1∶1 的比例配置就可以了，不用花费过多时间进行打理，但是收益肯定也会大打折扣。如果想精细一些配置，有这么两点需要大家在配置的时候注意。

1. 市场估值如何

市场的估值高低很大程度上可以被看作未来股市涨跌的风向标。比如美国股市目前已经处于近年来的高点，纳斯达克指数和标普指数在 2017 年分别上涨超过 30% 和 20%，其中标准普尔指数市盈率达到 27.3，而历史平均值仅为 22。显然，此时入场美股并不是明智的选择，尤其是基金定投美股基金已经不合适了。

2. 哪个市场你最熟悉

很显然，大家还是对 A 股市场更熟悉一些，毕竟是家门口的市场，优质上市公司的产品我们经常能够见到、用到。我国的港股市场也是我们相对比较熟悉的，很多国企、互联网企业也是在香港上市的。美股虽然市场成熟度比较高，但是毕竟离普通投资者还是比较远。

当然，估值高的市场不见得一定马上会跌，估值低的市场有可能还没有跌到底。从目前的情况来看，如果仅从市盈率的角度看，港股的市盈率较低，美股的市盈率较高。市盈率从低到高排序为：港股、A 股、美股。

如果从市场熟悉程度来看，A 股的熟悉程度较高，美股的熟悉程度较低。熟悉程度从高到低排序为：A 股、港股、美股。

两个角度分析下来，重点在 A 股市场进行资产配置还是普通投资者的首选策略，其次才是港股和美股。比例上，建议 A 股市场的比重在 60% 左右，港股、美股分别为 20%、10%。

A 股∶港股∶美股 =60%∶20%∶10%

细心的投资者可能发现了，还剩下 10% 的比例没有分配。不是因为我数学不好，主要是剩下这 10% 是专门为大家留下的。前面说了很多关于不同市场的指数型基金，但是每个人都有自己的风险偏好和擅长的领域。剩下的这 10% 大家既可以投到自己认为潜力巨大的指数型基金里，也可以投入到自己看好的股票型基金或者混合型基金上，可以自由支配。

寻找你的"V"字形走势

对于基金投资者来说，基金的配置方案做好了，资金也到位了，定投的理念也建立了，到底要坚持多久才能获得比较满意的回报呢？何时才是止盈的最佳时刻呢？

我们先来看看上证综指（2002—2017 年）的走势图，如图 7-13 所示。

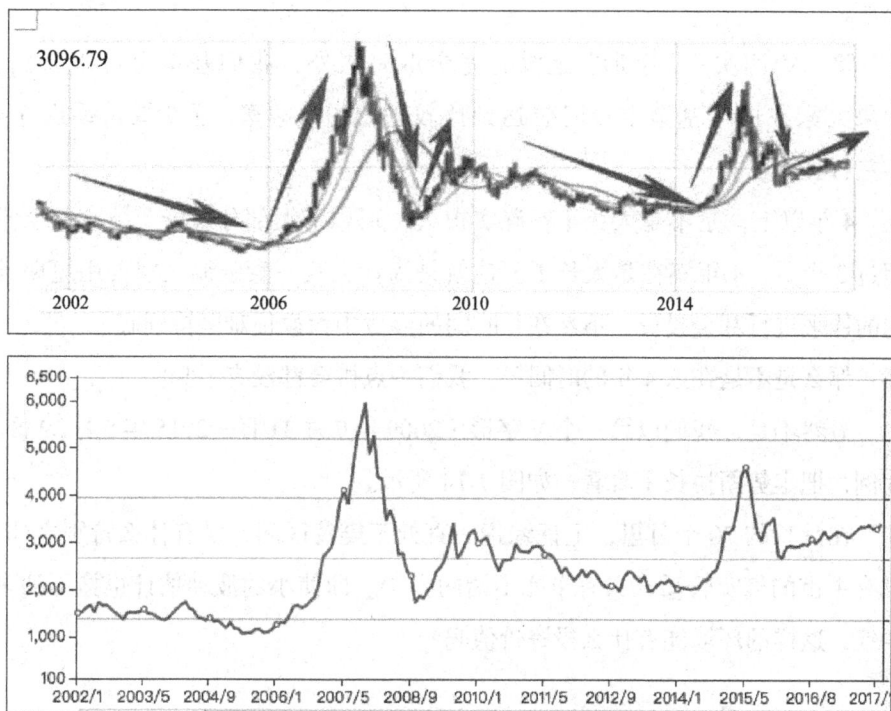

图 7-13　上证综指在 2002—2017 年的走势

从图 7-13 中的箭头走向可以看出，上证综指走出"V 字形"或者说"微笑曲线"的大趋势一共有 4 次。

前面介绍过基金的三种走势类型，可以说过去的十几年里，A 股市场都经历了很多遍这三种类型的走势。

具体时间上，我们可以进一步细化一下。

第一次出现"V字形"：2001年12月31日—2007年10月31日，共70个月；

第二次出现"V字形"：2007年10月31日—2009年7月31日，共21个月；

第三次出现"V字形"：2009年7月31日—2015年5月29日，共70个月；

第四次出现"V字形"：2015年5月29日—2017年12月28日，共19个月。

除了第四次"V字形"还没有完全走完之外，我们基本上可以看出，如果大家在进行基金定投时想达到比较理想的收益率，至少要持续投资4年左右。

4年以上，是不是太久了？确实很久，别忘了大部分投资者持有基金不超过3个月，4年实在是太长了。这就是为什么我一直强调大家要用短期不用的钱来进行基金投资，不然在长时间的浮亏中大家很难坚持到底。

那么是不是在这4年的时间里，我们一点机会都没有了呢？

显然不是，我们以第三个V字形（2009年7月31日—2015年5月29日）为例，把走势图拉长了看看，如图7-14所示。

在漫长的70个月里，上证综指一直处于震荡区间，没有什么特别之处，没有牛市的气宇轩昂，只有半死不活的样子。即使小的波动估计也挣不到多少钱，这样的环境能有什么投资价值吗？

图 7-14　上证综指在 2009 年 8 月—2015 年 5 月的走势

先别着急下结论，我们以嘉实沪深 300ETF 联接基金为例（如表 7-13 所示），看看在此期间指数型基金定投的表现如何。

表 7-13　嘉实沪深 300ETF 联接基金在 2009 年 7 月 31 日—2015 年 5 月 29 日的表现

序号	时间区间	投资时长	定投收益率
1	2010 年 2 月—2010 年 11 月	9 个月	16.2%
2	2012 年 6 月—2013 年 3 月	10 个月	10.6%
3	2013 年 7 月—2014 年 11 月	16 个月	10.7%

这几个时间段都达到了 10% 以上的收益率，虽然比不上"大 V 字形"的增长，但是这些"小 V 字形"的出现，也是我们博取长期连续收益的关键。

除了上面说的"小 V 字形"区间，在之前的章节里我们还讲到了要配置海外资产分散投资。那么，我们还是以第三个 V 字形为例，看看在大盘指数半死不活的时间区间里其他市场的走势如何，如图 7-15 和图 7-16 所示。

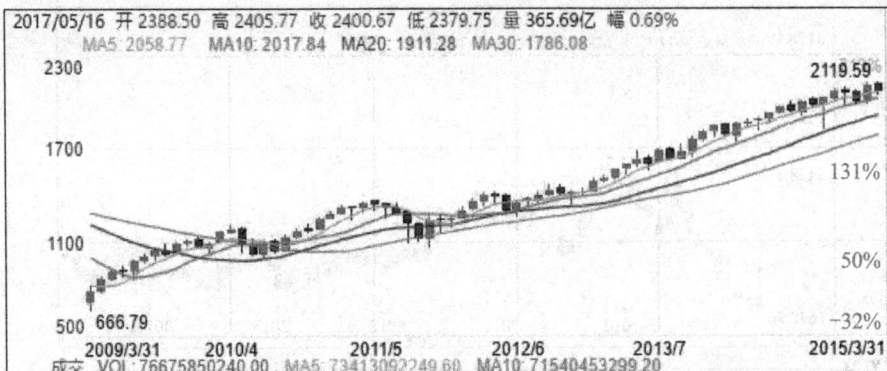

图 7-15　标准普尔指数在 2009—2015 年的走势

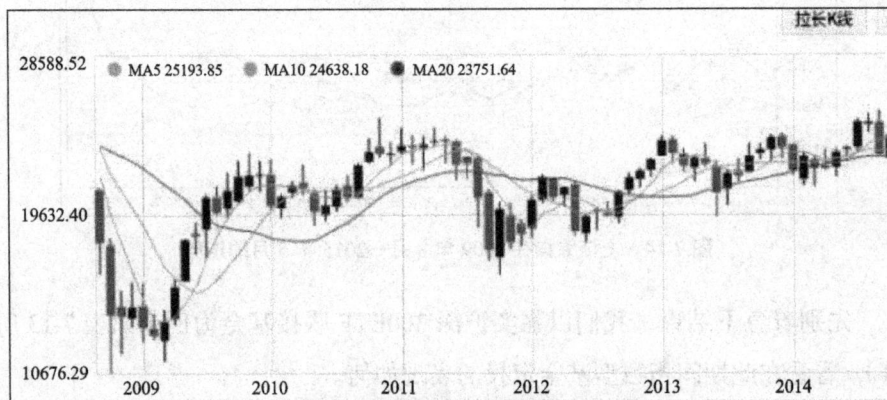

图 7-16　香港恒生指数在 2009—2014 年的走势

　　是不是有种豁然开朗的感觉。上证综指不理想的时候，其他市场的投资还在不停地给大家带来投资的收益。东方不亮西方亮，总有那么几支基金让你眉开眼笑。所以，在看每支基金的收益的同时，更要关注你的投资组合整体收益，投资组合的整体收益才是最终衡量年度投资水平高低的关键。

第八章

基金定投方法介绍

基金定投的方法有很多种，方法只是表象，更重要的是投资者要了解自己投资的目的是什么，能够承受什么样的非系统性风险。总之，投资者在了解自己的投资类型之后，找出适合自己的方法才能事半功倍。

你是何种投资者

古希腊的阿波罗神殿大门上有一句流传甚广的名言："认识你自己。"认识自己是一件很难的事情，我们很多时候需要终身不断地了解自己、认识自己。

结合到理财这件事情上，与其在投资过程中摸爬滚打，不如从一开始就借助过来人的经验和知识，从客观和主观上了解自身到底是什么类型的投资者。

是保守型投资者、稳健型投资者、平衡型投资者还是积极型投资者？

投资网站上有很多风险评估的测试，大家在浏览这样的网站或者 App 的时候不要着急一路跳过，这些测试不会占用大家过多时间，但是可以预设很多投资过程中遇到的问题：比如在浮亏 20% 的时候，你会赎回基金吗？比如有 70% 的概率让你的资产翻一番，而又有 30% 的概率全部输光，你会如何选择？

你能承受的风险和你觉得应该能承受的风险，是两回事。

国内市场波动较大，大家会不会因为波动而彻夜不眠，难以承受而最终放弃？所以，仔细琢磨一下，清楚地了解自己的心理承受能力，看看这样的情况一旦出现了，你该如何应对。如果你是积极型的投资者，你真的能够忍受浮亏超过 30% 吗？

对于普通人来讲，虽然尚未投资就考虑这样的问题，从心态上很难模拟真实的场景，但是从这个简单的分析中可以大致知道你属于什么类型的投资者。这个判断能为后期投资过程中的资产分配起到基础性的作用，只有真正了解自己是什么类型的投资者，才能制定个性化的投资方案，最终达到让资产保值增值的目的。

如果你已经跳过了风险评估测试，还有一种简单的个人观点供大家参考。

（1）20~35岁的投资者，可以被归结为积极型

这个阶段的投资者大多数是年轻人，有的甚至是大学毕业，刚刚参加工作。这类投资者承受风险的能力强，家庭负担较少，投资期限足够长。同时，丈母娘还等着看你是不是有房。所以，早点积攒理财经验，积极尝试各种理财产品没坏处，也可以尽早知道自己擅长并且喜欢哪类投资产品。

不用拘泥于已有的理财品种，既然年轻，需要的就是保持好奇心。

（2）36~45岁的投资者，可以被归结为平衡型

相信这个年纪的投资者工作大多已经进入平稳期，收入也会进入一个高峰，或许造人计划也已经提上日程。投资上，经过了之前的历练，亏也亏过，赚也赚过，基本上也知道自己擅长什么、不擅长什么了。

但是这个阶段还是属于快速积攒财富的关键阶段，为后面更大的花销做准备，比如买车买房、娶妻生子。因此，一方面要博取高收益，另一方面也要注意避免非系统性风险，平衡好两者才是关键。

（3）46~60岁的投资者，可以被归结为稳健型

这个年龄对年轻人来讲可能会觉得有点远，但是也是终究需要面对的年纪。这个时候的你已经组建家庭，生儿育女了，投资时应该在考虑投资回报率的同时坚持稳健的原则，分散风险。相比年轻家庭，此时的投资者更需要关注和增加在保险与债券方面的投资，中长线投资方式不可偏废。子女教育基金，筹备养老都需要提到议事日程上来。

（4）60岁以上的投资者，可以被归结为保守型

虽然延迟退休是肯定的事情，但是也需要做好退休后颐养天年的准备，尤其是那时你已经没有了工资收入，需要依靠之前积攒下来的理财收入和退

休金安度晚年。此时的投资则应以稳健、安全、保值为目的，可选择货币型、保本或指数型基金等安全性较高的产品。

还是巴菲特那句话，保住本金、保住本金、保住本金。这个时候，别人说你投资保守，其实是在夸你，欣然接受就好。

当然，这种从年龄结构进行的风险偏好划分只具有普遍性，不具有对实际个体的指导意义，更不代表你个人的真实情况。因为每个人都有不同的现状，所以大家要各自把握好，写上去的不见得一定适合你。

刚才帮助大家按照年龄划分了投资类型，细心的同学可能已经发现，我在之前的章节里多次提到非系统性风险，其实与之相关的还有系统性风险。两者是什么关系呢？

- 系统性风险：比如经济崩盘，汇率暴跌，发生战争等，对股市里绝大部分的股票具有同方向的影响。一般情况下，对系统性风险我们是很难规避的。
- 非系统性风险：比如苏丹红对餐饮行业的影响，比如雄安对华夏幸福的影响等。非系统性风险对个别行业的影响要更加明显，更加集中。如果大家手里重仓了某个行业的基金，那么它就有暴涨暴跌的可能。

我们没有能力预测经济发展走势，我们能做的就是不把鸡蛋放在一个篮子里，把非系统性风险化解到最低限度，博取系统性风险带来的收益。

总之，鼓励大家尽早确认自己是什么类型的投资者，其实也是在衡量你能够承担多大的风险，以及风险真的到来的时候，你该如何应对。

也许会有人认为，资产越多的人肯定风险承受能力更强。真的是这样吗？

事实上不同规模的投资资产承受的风险是不一样的，你的资产规模越大，反而越经不起折腾。

比如，你能投资的金额是 5000 万元以上：处于这个阶段的投资者其实更不愿意冒很大的风险去博取所谓的高收益，毕竟保证本金安全才是这个阶段的首要任务，也是最核心的任务。至于投资收益，在安全的前提下将年化收益率保持在 8% 左右就已经很好，安全又踏实。为了获得 10% 以上的收益率而去冒损失本金的风险，实在不值当。

比如，你能投资的金额是 10 万元以下：你一方面需要加快本金的积累，另一方面需要承担一定的风险去获取更高的收益。这个阶段的投资者心态属于典型的"光脚不怕穿鞋的"，此时不搏，更待何时呢？

因此，对于拥有不同额度的投资资金的投资者来讲，投资的心态不同，承担风险的能力也不同，需要区别对待。

赚多少才要止盈

大家常常无法准确把握基金投资的赎回时机，主要原因是人性的弱点在起作用。

要么是过于担心，常常赢得一点点利润就赶忙离场，结果发现基金的走势不是越来越差，而是越来越好。以为茅台的股价超过 200 元就已经很高了，其实 500 元的时候才是刚起步。这时候禁不住基金上涨的诱惑又冲进来，结果被套牢，到手的利润也变成亏损。

要么是过于贪婪，看到基金在不断盈利，手舞足蹈自信满满，反而忘记了风险的存在，结果来不及落袋为安，价格就出现了大幅度下跌，最终亏损。

贪婪和恐惧是人的天性，而这种天性在投资市场里只会被不断放大。天性本身没有对错之分，难的是大家把握不准什么时候该贪婪，什么时候该恐惧。股神巴菲特的经典名言是：在别人贪婪的时候我恐惧，在别人恐惧的时候我贪婪。之所以能够这样想，多半是因为在贪婪和恐惧面前，他把价值投资作为了衡量的尺度。

投资基金也是这样，大家要有自己的一个尺度，该投资的时候要敢于果断买入，不被行情的波动所困扰；该出手的时候果断赎回，不被上涨的行情所迷惑。

那么有没有一个具体的数字，可以作为大家的标杆呢？

过去的 52 年，巴菲特老人家投资的平均年化收益率是 20% 左右，伯克希尔哈撒韦公司的股价，年化上涨率是 20.8%。如果你还觉得这个数字不高的话，可以对比一下标准普尔 500 指数的收益率，过去半个世纪标普指数收益率是 12%，巴菲特的收益率跑赢大盘 7 个百分点。做到某一年年化收益 50% 以上也许有可能，尤其是在牛市的时候，收益率超过 100% 的基金也有很多，但难的是年年都能达到这个数字。巴菲特之所以受人敬仰，不仅仅在于他的投资理念让人们受益，更在于他老人家的平均年化收益率能够一直稳定在 20% 左右，连续几十年。

所以，我建议普通的投资者可以把收益率确定在 15% ~ 20%，能够达到 10% 已经非常优秀了，完全能够碾压绝大多数投资者，如果还能继续上涨，接近或者达到 20%，就可以考虑逐步止盈退出了。

为什么呢?

从我国金融市场的发展完善程度来看，A 股市场这几十年确实发展比较迅速，但是还是经常能见到暴涨暴跌的情况。欧美发达国家的投资市场主要以机构投资者为主，个人投资者占比较少。但是在我国，情况恰恰相反，个人投资者占有重大比例。如果每个人都抱着来股市大发一笔横财，或者希望通过指数型基金定投实现财务自由的目标，基本上是不可能实现的。这和中国人当下普遍存在的浮躁心态和想要快速致富的强烈欲望息息相关。或许这也是一茬茬韭菜被割掉的重要原因之一。即使是 20% 的收益率，在大多数投资者中，也是属于非常高的收益了。

只是要记得把收益落袋为安。

三种定投方法

在前面的几个章节里，我们把基金定投的基本理念和操作方法给大家进行了详细介绍。我们一直强调基金投资要坚持长期定投，但是投资总归是希望盈利越多越好，资金的时间成本太高反而会失去投资的意义，那么具体到基金定投方法上，哪些方法能够带来更高的收益呢？

曾经有牛人总结过基金定投的三个诀窍，具体如下。

（1）在估值低的时候买入；

（2）在估值高的时候卖出；

（3）在全民都开始讨论股市的时候果断止盈，落袋为安。

这三条可以说是投资基金的至理名言，但是遗憾的是道理很多人都懂，真正实际操作的时候都很难做到，或者说普通投资者很难预见到什么时候股票被高估，什么时候股票被低估。比如在股市大涨的时候，你是否愿意及时止盈甚至清仓？在股市暴跌的时候你是否能保持清醒不盲目割肉，而是大胆抄底？

如果能做到这三点，估计都是神仙级别的，所以赚钱的人都是反人性高手。可惜我们都是凡夫俗子，有时候需要一些强制性的规则来规范自己的投资行为；或者是提供一些指标来帮助我们判断何时适合买进，何时适合卖出。

下面，我给大家介绍三种基金定投的方法，大家可以选择适合你自己的，作为自己的投资规范。

傻瓜定投法

所谓的"傻瓜定投法"其实就是定时定额进行基金投资，即每次（可以按月，也可以按周）投入固定的资金去购买基金。在前面的章节里提过的基金定投，用的就是这样的方法。举个例子，我看好一支基金A，决定采用傻瓜定投法进行按月投资，那么我可以在每个月固定的一天（比如每个月5号）拿出1000元来进行投资基金。

目前绝大部分基金均支持这种傻瓜定投方式，无论是在第三方平台还是在手机App上都可以进行设定操作。大家可以在自己熟悉的基金购买渠道进行设定。

傻瓜定投法的优势

对于上班族来讲，傻瓜定投法最省时省力，我们不需要天天盯盘，不需要每次定投的时候计算各种数据，对于上班族或者没有过多时间打理基金的朋友来说，傻瓜定投简单而有效，可以积少成多，分散投资风险。

正所谓大道至简。只要能坚持，傻瓜定投对于获取收益还是能保证的。那么傻瓜定投的收益到底如何呢？

我们拿易方达沪深 300ETF 联接基金来做个测试。为了使测试更加公平，我们的测试时间跨度是 4 年，既包含了 2015 年的牛市，也包含了目前的熊市（时间是 2013 年 6 月 1 日—2017 年 7 月 1 日）。将每个月的 5 日设为定投日，看看一次性投入和按月定投之间，哪种投资方式收益更高，如表 8-1 所示。

表 8-1　以不同方式投资易方达沪深 300ETF 联接基金的收益情况

名称	投资方式	投资期数	投资总金额（元）	绝对收益（元）	年化收益率（%）
易方达沪深 300ETF 联接基金	傻瓜定投	49 期	49000	14687	12.9
易方达沪深 300ETF 联接基金	一次投入	1 期	49000	25383.3	10.8

可以看出来，傻瓜定投法的年化收益率接近 13%，比一次性买入基金的收益率高出 2.1 个百分点，而且还不用将 49000 元全部一次投入进去，免去长时间占用大笔资金。可以说傻瓜定投已经超过了绝大多数投资者能够获得的年化收益率，因此只要长期坚持傻瓜定投法，普通人也是有可能在市场上获得较高收益的。

当然，傻瓜定投法并非没有不足之处。在表 8-1 中，细心的朋友可能已经发现了，两种方法的绝对收益是不同的（一次性投入的绝对收益为 25383.3，定投的绝对收益为 14687），两者相差 10000 多元。虽然傻瓜定投法的年化收益率比一次性投入的高，但是由于每次仅仅买入 1000 元，尤其是在市场估值较低的时候，低估值筹码积攒的并不是很多，所以在绝对收益率方面不如一次性投入。

不过，这些数据都是回测数据。如果让我们情景重现，大家真的可以在市场最低点大举买入吗？太难了，市场是没有规律可循的。

总的来看，基金定投法则的初衷就是平滑市场风险，获取市场的平均收益。所以，在有效降低风险的前提下，傻瓜定投法更适合绝大多数普通投资者。

均线定投法

傻瓜定投法简单方便，但是如果大家想博取更高收益，有没有比傻瓜定投法更好的定投策略呢。虽然大家每天工作都很忙，但是对于我们自己挣的钱，大家还是要抽出时间去打理的。所以下面给大家介绍一个新的基金定投方法——均线定投法。

有过投资经验的朋友都了解一个投资规则，那就是当股市被高估的时候，投资者就要赶快离场，毕竟国内 A 股市场通常是"牛短熊长"，要尽快把到手的收益"落袋为安"。道理很简单，但难的就是如何判断股市是否已经被高估了呢？

这里要引入一个新名词，那就是均线。我们经常听炒股的朋友说 60 日均线、90 日均线、240 日均线等。那么什么是均线？均线对于基金定投有什么帮助呢？

实际上，均线理解起来比较简单：均线就是一定时期内股市收盘价的平均值。比如上证综指 60 日均线，就是把过去 60 天上证综指收盘价加起来求平均值，然后把每天计算出来的平均值连接起来，就会形成一条曲线，这条曲线就是均线。以此类推，我们也可以得到 90 日均线、240 日均线等。

相对来说，60 日均线和 90 日均线都属于中短期均线，它们的波动幅度较大，很难反映出市场的趋势。而 240 日均线由于时间跨度比较长，能够比较客观地反映过去大半年的市场变化，作为一个标杆，240 日均线可以成为基金定投的基准。

那么将 240 日均线作为定投基准之后又如何操作呢？

这里我们以上证综指和上证综指 240 日均线作个对比。如果上证综指比 240 日均线高，那么就可以说明指数已经超越过去大半年的平均值，市场开始趋热，不要盲目地进入市场，投资者要做好开始减持资产的准备，甚至要随时做好逐步离场的准备。如果指数值比 240 日均线低，说明市场开始趋冷，大盘指数持续降低，市场里哀鸿遍野，离场割肉的情况不断发生。但是这个时候反而是你入场定投的好时机，毕竟大盘已经低于均线，筹码便宜量又充足，能否实现"小目标"就决定在这一瞬间了。

所以，240 日均线可以作为我们定投的一个风向标。那么，怎么才能量化 240 日均线这个指标呢？毕竟理论要和实际相结合，总不能纸上谈兵。我们可以通过均线和指数的比值来判断当前市场处于什么状态。这个比值就是比率：

$$比率 = （指数 - 均线）÷ 指数$$

当比率大于零时，说明指数值比均线高，如果高过一定比例，投资者就需要逐步减少投资开始卖出，甚至是清仓。当比率小于零时，说明指数比均线低，大家就要做好买入的准备，这时候资产价格估值低，适合抄底。

介绍完均线的含义和如何使用均线，我们来看看在基金投资的时候，如何让均线来帮助大家投资基金。

图 8-1 就是我按照均线的思路，调试的投资规则。

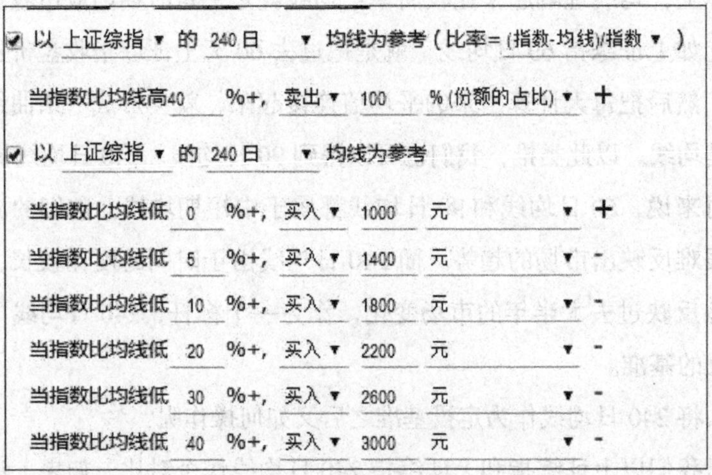

图 8-1　均线投资规则

下面具体跟大家解释一下。

这里均线定投法是以 240 日均线为基准的，当比率在很小的范围波动时，比如在 5% 以内的时候，我们还是按照傻瓜定投法，每个月定投 1000 元。

当比率是负值的时候，比如小于 -5% 的时候，也就是说指数低于均线，说明指数有低估的趋势，这个时候我们就可以增加定投的金额，即指数比均线低 5%，每次定投金额为 1400 元。如果比率越来越低，也就预示着指数的估值也在不断降低，那么我们就可以真正地实施大量"低吸"，不断地增加定投的资金，更多地购买价格低廉的筹码。

所以，在设置指标的时候，随着指数比均线越来越低，投入的资金也越来越大，当低于均线 40% 时，定投资金也达到了 3000 元。

当比率是正值的时候，说明市场已经开始活跃，新入场的资金和用户开始增加，随着热度不断升温，指数将进一步高于均线，市场也会进入过热的阶段。在比率上升的过程中，我们就要不断地减少投资金额。从历史经验来看，当比率达到 40% 以上时，这就说明市场已经过热，甚至有达到顶点的趋势，这个时候我们就需要及时做出决断，清仓获利，尽快离场。

说了这么多，均线定投法的效果如何呢？我们来看看回测数据，这次我们依然拿易方达沪深 300ETF 联接基金作为例子，同时为了和傻瓜定投法进行对比，我们也选择了同样的定投时间进行数据回测，大家来看看表 8-2 中的最终对比结果。

表 8-2　均线定投法与傻瓜定投法的最终对比结果

名称	投资方式	投资期数	投资总金额（元）	绝对收益（元）	年化收益率（%）
易方达沪深 300ETF 联接基金	傻瓜定投	49 期	49000	14687	12.9
易方达沪深 300ETF 联接基金	均线定投	50 期	57600	32033.5	64.7

按照均线法，基金投资达到 64.7% 的年化收益率，可以说即使一直是牛

市，也极少有人能够达到这么高的收益率，更不用说连续几年都能达到了。有没有一种巴菲特附体的感觉？这种均线定投法可以直接秒杀傻瓜定投法，收益率也十分诱人。

那么在股灾面前，均线定投法如何避免损失的呢？

我们可以看看图8-2，2015年股灾发生在6月15日左右，而均线定投法在6月5日提示要全部卖出，也就是说在6月5日的时候，比率超过40%，按照均线定投法的规则，要全部清仓。等到下一个定投日（7月6日）的时候，系统提示重新开始新的一轮定投。

就这样，稳稳地赚到了。

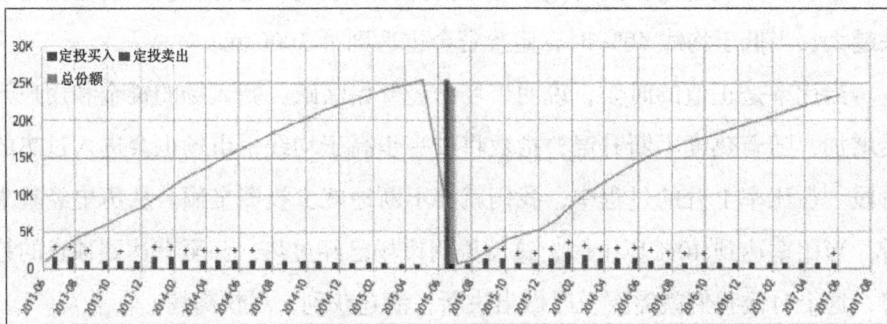

图8-2　份额变化

如果过去几年大家真的是严格按照均线法进行操作的话，那么你已经稳超巴菲特老先生了。具体每个月定投的金额和相应的比率数值，大家可以看看表8-3。

表 8-3　易方达沪深 300ETF 的申赎记录

时间	份额	金额（元）	计划
2017/6/5	687.33	1000	−5%<（指数−均线）/指数<0%
2017/5/5	706.51	1000	
2017/4/5	682.5	1000	
2017/3/6	694.64	1000	
2017/2/6	709.92	1000	
2017/1/5	711.14	1000	
2016/12/5	690.8	1000	
2016/11/7	714.13	1000	
2016/10/10	727.64	1000	−5%<（指数−均线）/指数<0%
2016/9/5	722.7	1000	−5%<（指数−均线）/指数<0%
2016/8/5	750.02	1000	−5%<（指数−均线）/指数<0%
2016/7/5	1059.24	1400	−10%<（指数−均线）/指数<−5%
2016/6/6	1383.34	1800	−20%<（指数−均线）/指数<−10%
2016/5/5	1371.22	1800	−20%<（指数−均线）/指数<−10%
2016/4/5	1351.45	1800	−20%<（指数−均线）/指数<−10%
2016/3/7	1736.93	2200	−30%<（指数−均线）/指数<−20%
2016/2/5	2146.63	2600	−40%<（指数−均线）/指数<−30%
2016/1/5	1268.41	1800	−20%<（指数−均线）/指数<−10%
2015/12/7	664.58	1000	−5%<（指数−均线）/指数<0%
2015/11/5	661.99	1000	−5%<（指数−均线）/指数<0%
2015/10/8	1339.78	1800	−20%<（指数−均线）/指数<−10%
2015/9/7	1361.68	1800	−20%<（指数−均线）/指数<−10%
2015/8/5	636.05	1000	
2015/7/6	614.78	1000	
2015/6/5	−25310.42	−53485.97	（指数−均线）/指数>40%
2015/5/5	540.1	1000	
2015/4/7	582.85	1000	
2015/3/5	708.97	1000	
2015/2/5	735.29	1000	
2015/1/5	678.89	1000	
2014/12/5	791.45	1000	
2014/11/5	986	1000	
2014/10/8	995.52	1000	
2014/9/5	1006.64	1000	
2014/8/5	1040.91	1000	
2014/7/7	1143.77	1000	−5%<（指数−均线）/指数<0%
2014/6/5	1167.82	1000	−5%<（指数−均线）/指数<0%
2014/5/5	1167.68	1000	−5%<（指数−均线）/指数<0%
2014/4/8	1126	1000	−5%<（指数−均线）/指数<0%
2014/3/5	1163.6	1000	−5%<（指数−均线）/指数<0%
2014/2/7	1593.26	1400	−10%<（指数−均线）/指数<−5%
2014/1/6	1573.74	1400	−10%<（指数−均线）/指数<−5%
2013/12/5	1019.37	1000	
2013/11/5	1054.19	1000	−5%<（指数−均线）/指数<0%
2013/10/8	1027.85	1000	
2013/9/5	1073.08	1000	−5%<（指数−均线）/指数<0%
2013/8/5	1545.42	1400	−10%<（指数−均线）/指数<−5%
2013/7/5	1590.01	1400	−10%<（指数−均线）/指数<−5%
2013/6/5	998	1000	

可以看到，均线定投法是在傻瓜定投法的基础上增加了一个评价基准——均线，通过均线来帮助大家判断大盘的趋势，从而指导大家进行定投，实现高抛低吸。

价值平均定投法

听了前两种定投方法，大家是不是很心动，也想跃跃欲试开始自己的基金定投之旅？先别着急，我还有第三种方法介绍给大家。第三种方法也很简单，那就是价值平均法。价值平均法的目标就是让基金每个月定投的市值按照固定额度增长。

举个例子，假如小明决定按月定投基金A，使用的方法就是价值平均法。如果第一个月投资了3000元，按照价值平均法，每个月要保证基金的市值都增长一倍，那么第二个月基金的市值要达到3000+3000=6000元，第三个月基金市值要达到3000+3000+3000=9000元，依此类推。

可以基金并不是一成不变的，每天都会涨跌，一个月之后的净值可能会有不小的变化，那么我们如何保证基金市值每个月都增加3000元呢？

还是刚才的例子，假如在第一个月买入之后，基金的市值慢慢涨到了3600元，为了保证每个月基金市值固定增长，那么第二个月购买的时候只需要买6000-3600=2400元的基金就行。如果基金的市值跌到了2800元，那么第二个月就需要购买6000-2800=3200元。

也就是说，下一个月要投入基金的金额和当前基金的市值密切相关。如果基金下跌了，那么就需要多投资一部分资金，如果基金上涨了，就可以减少投资。总之，这种投资方法就是反着人性来，看到基金上涨了反而少投资，看见基金跌了反而多投资，典型的高抛低吸策略。

这么变态的方法，定投效果如何呢？

我们依旧拿易方达沪深300ETF联接基金作为例子，时间跨度还是2013年6月1日—2017年7月1日，最后我们会和傻瓜定投作对比，通过回测数据看看哪种定投方法收益更高，如表 8-4 所示。

表 8-4　傻瓜定投与价值平均定投的收益对比

名称	投资方式	投资期数	投资总金额（元）	绝对收益（元）	年化收益率（%）
易方达沪深 300ETF 联接基金	傻瓜定投	49 期	49000	14687	12.9
易方达沪深 300ETF 联接基金	价值平均定投	30 期	37423.5	14650.9	15.9

可以看出来，和傻瓜定投相比较，价值定投还是略胜一筹，年化收益率比傻瓜定投多出 3 个百分点。这里有几点需要和大家说明一下。

一方面，价值平均法在数据回测的时候，我们发现它的投资次数并不是 50 次，而是仅仅 30 次。为什么会出现这样的情况呢？

这是因为，随着我们使用价值平均法投资次数的增多，逢低多买，逢高少买的策略让基金市值一直在慢慢增长，当其中某一次基金市值已经超过需要再次定投增加的金额时，就不需要再投资了，也就是投资金额为 0。

例如小明选择的基金 A，在第一次投资 3000 元之后，操作得当，10 个月之后市值增长到了 34500 元，那么第 11 月就不需要再去投资，因为增长的市值已经覆盖了下一个月需要投入的金额。

另一方面，由于有些月份并没有实际投资，所以价值平均法实际投入的总金额也比傻瓜定投法少很多，但是绝对收益相差无几。对于一些投资资金不是很多的朋友，价值平均法还是十分值得考虑的。

从表 8-5 中，我们可以看到在坚持价值平均定投一年以后，有近 3 个季度基金不需要再投入资金，为大家节省了资金去投资别的优秀理财产品。

表 8-5 易方达沪深 300ETF 的申赎记录

时间	份额	金额（元）	计划
2017/6/5	0	0	
2017/5/5	1835.14	2597.46	
2017/4/5	124.21	181.99	
2017/3/6	6.71	9.65	
2017/2/6	656.61	924.9	
2017/1/5	1296.43	1823.04	
2016/12/5	0	0	
2016/11/7	160.2	224.33	
2016/10/10	582.64	800.72	
2016/9/5	0	0	
2016/8/5	499.88	666.49	
2016/7/5	315.56	417.08	
2016/6/6	1010.9	1315.38	
2016/5/5	178.69	234.56	
2016/4/5	0	0	
2016/3/7	0	0	
2016/2/5	4696.2	5688.04	
2016/1/5	964.09	1368.14	
2015/12/7	0	0	
2015/11/5	0	0	
2015/10/8	403.78	542.48	
2015/9/7	3433.65	4538.95	
2015/8/5	0	0	
2015/7/6	0	0	
2015/6/5	0	0	
2015/5/5	0	0	
2015/4/7	0	0	
2015/3/5	0	0	
2015/2/5	0	0	
2015/1/5	0	0	
2014/12/5	0	0	
2014/11/5	824.14	835.84	
2014/10/8	817.54	821.22	
2014/9/5	93.49	92.87	
2014/8/5	0	0	
2014/7/7	831.22	726.73	
2014/6/5	1169.45	1001.4	
2014/5/5	1626.15	1392.64	
2014/4/8	749.97	666.05	
2014/3/5	1393.62	1197.68	
2014/2/7	1249.6	1098.02	
2014/1/6	1857.23	1652.19	
2013/12/5	810.47	795.07	
2013/11/5	1185.84	1124.88	
2013/10/8	846.97	824.02	
2013/9/5	980.68	913.9	
2013/8/5	1040.19	942.31	
2013/7/5	1273.43	1121.26	
2013/6/5	998	1000	

总的来看，我介绍的这三种基金定投方法各有特色，但没有哪个方法是万无一失，稳赚不赔的。

- 傻瓜定投法的优势在于节省时间，省时省力，分散风险，不用每次都去盯着指数变化去计算，保证银行卡里有足够的投资资金，让系统每月自动扣钱就可以。但是缺点就是收益率相比其他几个方法并不高。
- 均线定投法的优势在于收益率很高，但是缺点是需要自己设定投资的规则，甚至决定在什么位置要加大投资力度，在什么位置要立刻清盘止盈，这个设计本身就需要投资者对市场足够熟悉，有足够的经验，风险性要高于其他两种方法，投资者要对市场有足够强的敏感度。
- 价值平均定投法的优势在于践行了低买高卖的投资原则，收益率也很不错，但是缺点是真正拿到手的投资收益不多。因为价值平均法到后期基本上就不需要投资者再投入本金进去，所以基数不大，即使收益率很高也难以拿到足够多的绝对收益。

当然，方法和每个人的情况都是息息相关的。选你喜欢的，习惯的。

基金组合常见形式

前面我介绍过，基金组合很适合大家投资，一方面可以分散风险，另一方面可以获得高收益。

那么是不是只能是我之前讲的大盘股＋小盘股的模式呢？

显然，基金组合可以千变万化，没有最好的，只有最适合自己的。我在本节内容里向大家介绍三种基金组合方式。

哑铃型

这个不必多说，很多投资者都在践行。

比如投资沪深 300+ 中证 500 基金的投资者，使用的就是哑铃型投资组合。

哑铃型就是选择两种不同风险收益特征的基金组合，也就是我常说的两个相关性很低的基金组合。例如之前介绍的大盘基金 + 小盘基金、价值基金 + 成长基金等。所谓哑铃型就是说两支基金的相关性很低，可以有效应对板块轮动。

这种基金组合模式，很适合刚入门的小白同学，不要觉得入门级很粗浅，能够严格执行这样组合操作的投资者，已经能够战胜 70% 的市场投资者了。

核心 + 卫星型

如果不想仅仅获得平均收益，有更强的风险承受能力，想获得更多收益，怎么办呢？

还有一种基金组合模式可以考虑，就是相对灵活的核心 + 卫星模式。

我们都知道月亮围着地球转，地球围着太阳转，那么，如果大家选定一支业绩长期出色且较为稳健的基金，就可以将这支基金作为投资组合的"核心"，作为重点投资的对象。例如我一直认为指数型基金是比较好的投资产品，上证 50 指数基金的表现一直很稳定，可以选作投资组合的核心。而卫星部分，可以选择一些短期业绩突出的股票型基金或者混合型基金。这样一来，"核心"基金可以保证投资组合的整体收益，卫星基金可以积极争取超额收益。

金字塔型

对于有一定投资经验的投资者来讲，可能会觉得哑铃型和核心 + 卫星型还是不够灵活。有没有可以让大家自行决定各种基金占比的组合类型呢？

金字塔型或许会更适合这一类的投资者。金字塔型的投资组合需要大家自行确定金字塔各个部分的投资比例。比如，需要在金字塔型基金的"底部"配置稳健的货币型基金或者债券型基金，在金字塔的腰部配置能够充分分享市场平均收益的指数型基金，在金字塔的顶部配置高成长性的股票型基金或者混合型基金。大家可以根据自己的投资目标和风险偏好，在各种类型的基金中进行适当的调整，从而使整个投资组合获得较高收益。

上面三种类型，适合哪一种投资者呢？

哑铃型的投资组合最经典，适合绝大部分投资者。它可以有效分散风险，获得市场平均收益，投资者不用担心市场板块的轮动。尤其是喜欢基金定投的朋友，哑铃型的投资组合和定投搭配更是好上加好。

核心＋卫星型投资组合加大了对"核心"基金的投资力度，需要大家在对"核心"基金进行筛选的过程中有一定的判断力。如果"核心"基金选择错误，将会造成比较大的损失。因此核心＋卫星型的投资组合更加强调对基金的筛选能力。对这种组合感兴趣的朋友，可以按照我介绍的方法筛选出几个"核心"的备选基金，再结合自己理财的实际需求和数据回测来选择中意的"核心"基金。

金字塔型的投资组合是三种组合里难度最大的，也是对我们投资组合建立能力的一种考验。这种方法需要大家明确自己在金字塔中每一块的目标是什么，需要分配多少比例的投资资金在金字塔的不同板块内，每一块的任务又是什么。

金字塔投资组合的灵活性很强，同时也在考验大家的实际操作能力。

HOW TO SELECT FUNDS
AND GET HIGHER RETURNS

附 录

附录 A　关于被动收入的两个关键点

与其用数字来衡量财富自由，不如说财富自由其实是一种状态，这种状态有两个方面：

（1）被动收入大于或者等于我们的日常开销，也就是说有"盈余"；

（2）相对可靠的抗风险能力，具有较好的稳定性。

关于被动收入，不是说，数值越高就一定越值得，因为被动收入的增加既需要时间也需要成本。在增加被动收入的同时，还有两个问题需要考虑：收益效率和资本收益率。

关键点一

先说说收益效率。

收益效率是指：在相同的时间里，它能带给你的收益是多少？

任何一项被动收入都会耗费我们的时间和精力。假如我们都是没有什么特殊技能的工薪族，在网上学会了如何烘焙，通过朋友圈、淘宝可以进行销售，每斤原料可以获得 50 元钱的利润。另一个方法是，老家的丑橘纯天然无污染，转售卖给附近的超市卖场，每斤可以获得 5 元钱差价。

你会选择哪个？

单独从收益来讲，做烘焙肯定要比倒卖丑橘更划得来。但是从时间成本上来讲却并不一定。烘焙需要你去买原料、在家制作、包装、需要你做出拍照上传网络、定期组织优惠活动、发快递等一系列流程。如果倒卖丑橘的话，也许只要给老家亲戚打打电话，确认好收货方的地址就可以轻松搞定。

也就是说，被动收入不仅要看收入的高低，还要看付出的时间成本。注重单位时间的收益，追求有较高收益效率的方式，是选择有效被动收入方式的第一步。

关键点二

我们再看看另一个关键指标——资本收益率。

资本收益率是指：获得的收益与付出成本的比值（利润／投入成本）。

继续沿用刚才说的烘焙的例子。假如你喜欢烘焙，既喜欢制作黄油曲奇饼干，也喜欢制作马卡龙。制作曲奇饼干，你需要烤箱、模具等工具，还有黄油、面粉、糖等原料。马卡龙则要更复杂，还需要准备其他设备和原料。

如果在朋友圈出售，每份曲奇饼干和马卡龙都有 15 元钱的利润，那么你准备制作哪一种？

按照资本收益率的公式 = 利润 ÷ 投入成本，那么在利润相同的情况下，投入成本越低，获得的资本收益率就越高。

如果曲奇饼干的成本是 8 元，马卡龙的成本是 2 元，但是制作马卡龙你要添加 100 元的设备和原料，我们来计算一下。

如果我们卖掉一个曲奇饼干和一个马卡龙。

曲奇饼干的成本是 8 元。

马卡龙的成本是 100+2=102 元。

显然马卡龙的成本更高，毕竟里面包含了设备的成本。

当卖掉 20 个曲奇饼干和 20 个马卡龙的时候呢？

曲奇饼干的成本是 8×20=160 元。

马卡龙的成本是 100+2×20=140 元。

在利润都是 15 元的前提下，生产的产品越多，马卡龙的优势越明显。

因此，对于资本收益率来说，将产生收益的模式扩大化，有利于资本收益率的提高。

当然，现实生活中曲奇饼干和马卡龙的制作和销售并不是这么简单，这里只是举个例子。

收益效率和资本收益率这两个概念，其实涵盖了我们在获得被动收入，或者说实现财富自由过程中的两个基础条件：时间和资本。

当你的被动收入增加的时候，你需要不停地问自己两个问题。

（1）在获得收益的同时，你的时间效率是否得到了提升（收益效率）？

（2）你的资本是否得到了有效的利用（资本收益率）？

附录B　检验财务健康度的几个基本法则

在开始各种投资之前，首先要做的不是确定哪种理财产品收益高或风险小；也不是完全信任理财达人推荐的理财产品，而是要先检查一下自己的家庭状况，尤其是财务状况是否健康。

我给大家列几个基本法则，大家看看自己家庭财务状况是否处于"亚健康"的状态。

财富自由度法则

这是一个关于梦想的法则。

所有人都梦想着财富自由，但财富自由的实现难度和人的欲望一样，高不可及。所以有人把财务自由分成了几个阶段：

一级财务自由，菜市场买菜不看贵贱；

二级财务自由，商场购物不看贵贱；

三级财务自由，奢侈店血拼不看贵贱；

四级财务自由，楼盘买房不看贵贱；

五级财务自由，买公司不看贵贱。

显然多数人还难以达到四级及以上。

但是这不妨碍我们了解财富自由度这个家庭理财中的重要指标：

财富自由度 = 投资性收入 ÷ 日常消费支出

比如，我每年的投资性收入是 8 万元，而每年的日常消费支出也是 8 万元，那么财富自由度 =8÷8=1。那么基本上我不用动用自己的工资，就可以保证日常开支，财富自由度可以说是很高了。

至少实现了菜市场自由！

因此，我们不需要上百亿元的身价，只要理财得到的收益能够应付家庭日常支出，甚至理财收入远高于工资收入，就可以实现自己的小自由，生活也会更加惬意。

家庭资产流动性法则

如果生活可以完全按照计划实施就好了，很可惜，每时每刻我们都会遇到各种突发事件，为了应急，保证家庭理财资产的流动性也很关键，所以给大家介绍一下家庭资产流动性法则。

流动性比率 = 流动性资产 ÷ 每月支出

这里的流动性资产是指在紧急情况下能够迅速变现而不会带来损失的资产，比如现金、活期存款、宝宝类基金等。

比如，我家里有 2 万元活期存款，家庭每月开支是 6000 元，那么我的流动性比率 =20000÷6000=3.3。

也就是说，一旦家庭出现意外，我在不用变现其他资产的情况下，可以保证家庭 3 个月的日常开支。

如果我家里每月开支是 2000 元，那么流动性比率 =20000÷2000=10，也就是说流动资金足够 10 个月的花销。相信很多小伙伴每个月发完工资之后，就不去打理了，导致流动性比率过高。需要说明的一点是，流动性比率太高，也会影响整个家庭财务健康，过高的流动性会降低投资收益。

负债偿还法则

负债偿还法则主要针对的是家庭负债。有人说，现在货币贬值厉害，银行的钱能贷多少就贷多少，但是一个家庭适合负担多少债务，应当根据家庭收入情况而定。那么负债比率在多少比较合适呢？

偿债比率 = 每月债务偿还总额 ÷ 每月扣税后收入总额

这一指标最好不要超过 35%。

对于房贷来讲，其实并非贷款越多越好。在房价上升的时候，负债比率高一点问题不大，但是一旦房价进入下降通道，高负债比率会有可能引发次级债，银行和个人都将面临破产风险。

养老储蓄法则

这是一个关于股市投资和风险承受能力的度量法则。大家投资基金也好，股票也好，资金最好占全部可支配资金的（100-年龄）%。

比如，你的年龄是 30 岁，那么用于投资市场的资金最好不要超过（100-30）%=70%。剩下的 30% 可以投资到货币型基金等低风险理财产品中。

当然，这个方法不是固定不变的，可以灵活运用：

比如，你是一个积极型投资者，那么用于投资市场的资金占比还可以进一步提高 10%，达到 80%。

比如，你是一个风险厌恶型投资者，那么用于投资市场的资金占比可以进一步压缩 20%，达到 50%。

方法没有绝对的，要因人、因时而异。

表 A-1 将以上几个法则汇总了一下。

表 A-1　检验财务健康度的几个法则

法则名称	检验指标	计算公式	理想数值
财富自由度法则	财务自由度	投资性收入 / 日常消费支出	最好大于等于 1
家庭资产流动性法则	流动性比率	流动性资产 / 每月支出	最好在 3~6
负债偿还法则	偿债比率	每月债务偿还总额 / 每月扣税后收入总额	控制在 35% 以内
养老储蓄法则	投资比例	（100 − 年龄）%	按实际值

附录 C　你的投资收益率到底是多少

投资就是要钱生钱，如果不会计算生出来多少钱，岂不是白忙一场？

所以，投资收益率是个让投资者们魂牵梦绕的数值。我接下来就介绍几种常用的方法，让大家擦亮眼睛，看看各种投资的真实收益到底是多少。

每种方法都是用例子来展开的，唯一需要大家准备的工具就是 Excel 表格。我们先从简单的开始。

投资收益率的两个简单计算案例

例 1

假如我有 30000 元，投资了银行的一款理财产品，投资收益率是 8%，投资期限是 3 年，那么 3 年后我能拿到多少钱？

3 年后我能拿到的钱是 $=30000 \times (1+8\%)^3 = 37791.36$ 元。

注：$(1+8\%)^3 = (1+8\%) \times (1+8\%) \times (1+8\%)$

那如果我投资的理财产品时间不足一年该如何计算呢？

例 2

假如我有 30000 元，投资一款短期理财产品，销售人员告诉我年化收益率是 10%，投资期限是 180 天，那么 180 天后，我能拿到多少利息？

利息 =30000×10%×180÷365=1479.45 元。

这里面需要注意的是你拿到的利息与你实际投资的天数是直接相关的。年化收益率为 10%，是指投资一年之后能够拿到的利息。而例子中的理财产品投资期限只有 180 天，所以在计算实际收益率的时候，要重点关注你的实际投资天数。

也就是说年化收益率并不等于实际收益率。

年化收益 = 本金 × 年化收益率

实际收益 = 本金 × 年化收益率 × 投资天数 ÷365

PMT 计算公式

对上面两个计算收益率的简单方法，大家只需要用计算器就可以轻松搞定，那么对于稍微复杂一点的情况呢？

例 3

假如我现在要考虑以后养老的问题，估计 30 年后需要 800 万元的养老金，预计每年投资的年化收益率是 12%，那么我每个月要存多少钱才能够养老呢？

要计算每个月存多少钱，就需要用到 PMT（Rate，Nper，PV，FV，Type）公式。

我解释一下这个公式的指标都是什么意思。

（1）PMT：每一期你投资的金额，也是就是例子中要计算出来的每个月存的养老钱。

（2）Rate：利率 / 收益率。

（3）Nper：投资的期数（与 Rate 相对应，如果 Rate 是月收益率，那么 Nper 就是按月投资的期数；如果利率是年收益率，那么 Nper 就是按年投资的期数）。

（4）PV：投资初期你手里的有多少钱。

（5）FV：投资末期你获得的总收益。

（6）Type：类型（大家可以忽略它，实际不需要你填写）。

估计大家看到这么多字母和公式肯定犯晕了，那么我们还是从刚才的例子开始，计算一下我每月要存多少养老金。

就像我在指标解释中提到的，因为要计算的是每个月存多少养老金，而题目给出的 Rate 是年化利率，所以这里要做个转化，计算出按月的 Rate 是多少。

按月 Rate=12%÷12=1%，即每个月的利率是 1%。

按月 Nper=30×12=360，即 30 年一共有 360 个月。

PV 起始本金，我们假定是 0，即 PV=0，FV=8000000，

那么可以得出 PMT（1%，360，0，8000000）。

我们放到 Excel 里计算一下看看，如图 A-1 所示。

=PMT（1%，360，0，8000000）	
¥-2,289.01	

图 A-1　PMT 在 Excel 中的计算

也就是说，我每个月存 2289 元，就可以实现之前制定的养老目标。

是不是有一种一眼就要看穿未来几十年生活的感觉？为了体面养老，记得拿起 PMT，努力存钱吧。

基金定投的收益率计算方式

有定投基金的读者肯定想知道，我辛辛苦苦定投的钱，几年下来到底收益率怎么样？尤其是年化收益率如何呢？

或许还有的读者并不是每个月都定投，定投的金额也不是每次都一样，

这样随性的定投能算出来年化收益率嘛？

只有你想不到，没有 Excel 做不到的。不按时定投、不按固定金额定投基金的投资者，照样可以计算出年化收益率来，需要用到的就是 XIRR。

这是一个神奇的公式，专治各种不服。

大家不必在意具体计算原理，我其实也说不明白，只要知道如何使用就行。

例 4

假如我从 2016 年开始定投基金，中间因为手头紧，有一个月没有定投，而且每次投资的金额也不一样，到 2016 年底的时候，我的这支基金一共价值 16989 元，那么我的年化收益率是多少呢？

首先，我们在 Excel 中把数据填写进去。

日期	金额
2016/1/13	-1500
2016/2/14	-1500
2016/3/14	-1500
2016/5/13	-1000
2016/6/13	-1500
2016/7/13	-2000
2016/8/25	-1500
2016/9/26	-1500
2016/10/25	-1420
2016/11/28	-1450
2016/12/26	-1450
2016/12/31	16989
	=XIRR（H9:H20，G9:G20）

图 A-2　XIRR 在 Excel 中的计算

大家可以看出来，在 4 月的时候我没有投资，我在其他时间段的投资金额也各不相同。利用 XIRR 公式，需要填写两组数字。

一组是投资金额，每投一次钱就是从你的本金中扣除，所以用负数表示，比如在 2016 年 1 月 13 日，投资了 1500 元，就用 "-1500" 表示。

另一组是投资时间，就是你每个月投资的具体时间。

需要注意的是，在填完定投的时间和金额之后，我们还要把 2016 年底（2016 年 12 月 31 日）时的基金市值也填写进去，即 16989 元。

数据输入完毕之后，我们只需要做一个动作，那就是按下回车键，就知道投资的年化收益率是多少了。

2016/1/13	-1500
2016/2/14	-1500
2016/3/14	-1500
2016/5/13	-1000
2016/6/13	-1500
2016/7/13	-2000
2016/8/25	-1500
2016/9/26	-1500
2016/10/25	-1420
2016/11/28	-1450
2016/12/26	-1450
2016/12/31	16989
	0.088097357

图 A-3　XIRR 的计算结果

也就是说，2016 年，我不按月、不按固定金额投资某支基金的年化收益率是 8.8%。收益结果还不错哟！

计算收益的方法千千万万，除了各个公司告诉你的收益率，你还需要认真计算一下，自己的实际投资真的能够达到宣传的收益率嘛？

既要知道投资该投到哪里，也要知道收益是如何计算的。

记得为自己的钱负责。

附录 D　你的财富自由度是多少

你说，拥有多少资产才算是财务自由？

1000 万元？ 5000 万元？ 2 亿元？ 10 亿元？

对于不同地域来讲，情况可能不一样。比如北上广深的老百姓肯定不认为 1000 万元是财务自由，自己名下有两套房的，资产早已过千万，但是该上班的还要上班，该挤地铁的还要挤地铁，从没感觉自己财务自由。

那多少才是财务自由？确切地说，拥有多少资产才能在一线城市称得上是财务自由？

普通人与高净值人士的相似之处

胡润在年初发布了《2017 至尚优品——中国千万富豪品牌倾向报告》，结论是：2017 年，中国一线城市的财富自由门槛是 2.9 亿元，二线城市是 1.7 亿元。这其中，一线城市的财富自由门槛比 2016 年提高了 50%。

虽然我们身边少有这样的人，但是根据胡润的调查数据显示，大陆地区 3000 万美元资产高净值人群数量大约是 5.7 万。

按照全国 13.678 亿的人口基数，能够实现财富自由的人只有万分之四点二，不到万分之五。

所以，我们离财务自由还有很远的距离。好消息是，能达到这样目标的人太少，你我还有很大的提升空间。

显然，胡润的标准太高了。

但是，这不到万分之五的高端人群，在工作生活的部分领域，和我们还有很多相似之处，多少有点安慰。

比如出差，千万资产高净值人群平均每月出差比 2016 年增加 1 天，达到 8 天；而亿万资产高净值人群平均每月出差比去年减少 1 天，减少到 8 天。

比如旅游，马尔代夫第一次成为高净值人群"最青睐的国际旅游目的地"第一名。

比如梦想，2017 年高净值人群第一想拥有的是健康，第二是家庭生活，第三是时间，第四是学习机会，第五才是物质财富。

比如运动，跑步、高尔夫和游泳是男性高净值人群最青睐的三大运动方式，其次是登山。瑜伽和跑步是女性高净值人群最青睐的两大运动方式，其次是游泳。

比如最幸福的时刻，无一例外，和我们普通人一样，都是孩子出生的时候（如表 A-2 所示）。

表 A-2　高净值人群的幸福时刻

	最幸福时刻	千万（%）	男性（%）	女性（%）	亿万（%）
1	孩子出生	48.1	49.0	44.3	53.6
2	创业	31.3	34.9	22.1	25.0
3	结婚	22.7	18.7	30.0	17.9
4	上市	12.2	14.2	9.3	17.9
5	恋爱	7.2	5.0	13.6	12.5
6	资产变现	6.6	4.6	7.9	10.7
7	大学毕业	3.6	2.5	4.3	1.8
8	考上大学	3.0	2.9	3.6	3.6

来源：胡润百富《2017 至尚优品——中国千万富豪品牌倾向报告》。

这么有钱的人，难道就没有烦恼？

当然有！

比如幸福指数：高净值人群总体幸福指数有所下降，从 7.8 分降到 7.7 分。工作幸福度从 7.4 分降到 7.3 分，生活幸福度也从 7.8 分降到 7.6 分。

财富自由的资产标准

不管如何看待这份报告，对于普通人来讲，标准依然很高。做不了那万分之五的人，做百分之一的人可好？

2016 年 11 月，瑞信发布了一份《2016 年全球财富报告》，显然比胡润的报告距离我们普通人更近一点。比如，全球资产超过 100 万美元的成年人有 3300 万，占成年人总数的 0.7%，但拥有的财富却占了全球的 45.6%。

如果你在一线城市有两套房子，其实一套也可以，就已经是这 0.7% 的一员了。

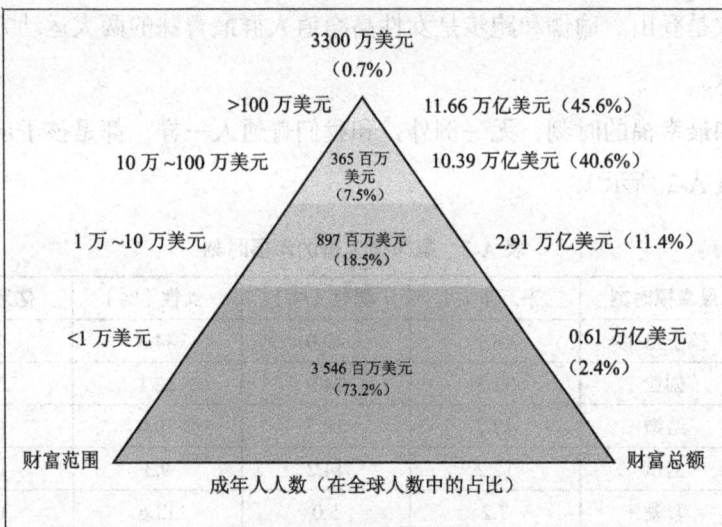

图 A-4　全球财富金字塔

大约是 6%。

按照 13.678 亿的人口计算的话，大约是 6800 万人，基本上等于北上广深人口总和（2015 年，北京 2170.5 万人、上海 2415.27 万人、广州 1350.11 万人、深圳 1137.89 万人，总计是 7072 万人）。

当然，霓虹灯下有血泪，并不是每个在一线城市的人都在这 5% 以内。

财富自由度与非工资收入

当然，财富自由的标准并非是你有多少钱，因为你的钱总有坐吃山空的那一天。

前面我介绍过财富自由度这个词。

一般来说，财富自由更多是意味着非工资收入大于总支出，不依靠某分固定工作，这个就是财富自由度法则。

财富自由度 = 非工资收入 ÷ 日常消费支出

比如家庭靠理财，年投资收入是 5 万元，年消费 7 万元，那么财富自由度 =5÷7=71.5%。

　　显然，从数值上来讲，数值越大，你离财富自由就越近。

　　也就是说，要想实现财富自由，你要把你的财富组成一个能够自行运转的系统，那么你的财富就会不分昼夜地为你挣钱，源源不断地为你挣钱。享受财富自由的同时，也不会坐吃山空。

　　虽然不能每个人都达到2.9亿元的资产，但是不依附某份固定工作，用非工资收入养活自己，对很多人来讲，还是有机会实现的。

　　你的财富自由度是多少？

HOW TO SELECT FUNDS
AND GET HIGHER RETURNS